et Pasteurs de l'Eglise, s'étend et s'exerce sur tous ceux qui sont soumis à l'Eglise, en recevant le saint Baptême, et non sur ceux qui en sont entièrement et notoirement séparés, comme sont les Païens et les Infidèles.

La Doctrine que Jésus Christ a laissée à son Eglise, est la même qu'il a enseignée, dont les Apôtres ont instruit les Fidèles de leur temps, et qu'ils ont laissée aux Pasteurs, qui leur ont succédé, soit par écrit, soit de vive voix.

L'Eglise ne peut ni changer, ni rien ajouter de nouveau à cette doctrine; et le droit qu'elle a touchant la doctrine, et les matières de Foi, est d'expliquer les mystères et les paroles de l'Ecriture sainte, et de proposer quels sont les livres que nous devons croire être de l'Ecriture sainte, et avoir été écrits par le mouvement de l'Esprit de Dieu : c'est ce qui fait que Saint Augustin déclare, qu'il n'eût pas cru l'Evangile, s'il n'y eut été engagé par l'autorité de l'Eglise.

L'Eglise a reçu cette autorité de Jésus-Christ, lorsqu'il a dit lui-même : *Qui vous écoute. m'écoute : et si quelqu'un n'écoute pas l'Eglise, tenez-le comme un Païen et comme un Publicain.* C'est par les Conciles, par les Papes, par les Pasteurs légitimes, et par les Docteurs des premiers siècles, que l'Eglise nous parle : et c'est en nous soumettant à leurs décisions, que nous écoutons les paroles de l'Eglise.

Nous appellons Concile, une Assemblée générale des Evêques faite au nom de tous

NOUVELLE MÉTHODE

POUR ENSEIGNER

L'ORTHOGRAPHE FRANÇAISE.

NOUVELLE MÉTHODE

POUR ENSEIGNER L'ORTHOGRAPHE FRANÇAISE,

A L'USAGE

DES ÉCOLES PRIMAIRES,

OU

CACOGRAPHIE,

RANGÉE SELON L'ORDRE GRAMMATICAL,

Renfermant des dictées graduées depuis le substantif jusques aux participes ; des exercices sur la construction vicieuse, sur les barbarismes, sur les solécismes, sur les équivoques et sur les disconvenances,

Par Charles Martin,

Maître de Pension, à Festieux.

Prix : 1 fr. 25. c.

Laon,

Imprimerie de M.me STRAUSS-Marchant.

1826.

DÉDICACE.

A M. De Maussion ,

Ancien conseiller au Parlement de Paris membre du Conseil général du département de l'Aisne , propriétaire et maire de la commune d'Arancy , arrondissement de Laon.

Monsieur ,

Le petit ouvrage que j'ai l'honneur de vous offrir, ne mérite peut-être pas une dédicace, et je sens parfaitement combien elle est au-dessous des talens et des connaissances en tout genre qui vous placent dans un des rangs les plus distingués de la société. Mais lorsque je considère la bonté avec laquelle vous avez daigné encourager mes premiers pas et mes premiers efforts dans la carrière de l'enseignement ; lorsque j'envisage le prix que vous attachez à tout ce qui peut concourir à l'éducation de la jeunesse , alors une certaine confiance dans l'utilité de mon travail, triomphe de ma timidité et m'inspire le consolant espoir d'un accueil qui deviendra ma plus douce jouissance.

Ce n'est pas pour vos propres enfants que cette cacographie peut-être utile, mais vous avez d'autres descendants à qui elle sera dans le cas de servir, et d'ailleurs, n'êtes-vous point, par votre amour du bien public, le protecteur de tout ce qui intéresse la propagation des lumières et des saines doctrines qui seules peuvent assurer le bonheur de l'espèce humaine?

C'est donc dans cette persuasion, que j'ai conçu l'idée de placer votre nom à la tête d'un ouvrage qui ne pourrait paraître sous de meilleurs auspices, et de saisir, en vous le dédiant, l'occasion de renouveler ici l'expression des sentiments de la plus vive reconnaissance, comme du plus profond respect avec lesquels j'ai l'honneur d'être,

MONSIEUR,

Votre très-humble et très-obéissant serviteur,

...... Martin.

PRÉFACE.

Il a paru, depuis plusieurs années, beaucoup de cacographies. La plupart des professeurs en donnent à leurs élèves, et l'on ne peut nier que cette méthode d'enseigner l'orthographe, ne soit très-bonne en elle-même et toujours suivie du plus utile succès. On a vu des élèves faire, par ce moyen, en quelques mois, de rapides progrès et vaincre les difficultés les plus grandes dans la règle des participes.

Mais le choix de ces cacographies n'est pas indifférent. On peut même dire que celles qui ont été publiées jusqu'à ce jour, ne remplissent pas suffisamment le but essentiel d'un ouvrage de ce genre, et qu'elles sont vicieuses sous plusieurs rapports. Il suffit d'en signaler deux à l'attention publique.

Le premier des vices qu'on y remarque consiste en ce que ces cacographies ne sont pas rangées selon l'ordre grammatical. Les difficultés soumises aux élèves ne sont pas assez graduées. Ces difficultés sont presque toutes réunies dans les premières pages, et l'on conçoit que, dans les premiers débuts de l'instruction, les élèves ne sont pas en état de les comprendre. Ce n'est donc qu'à la fin des cours classiques que leur intelli-

gence peut arriver au niveau de ces difficultés , les bien saisir et les vaincre : mais
c'est alors aussi que les progrès des élèves
les rendent à peu près inutiles.

Le second reproche que l'on peut faire
à la plupart de ces cacographies , c'est la
grande quantité de fautes grossières qui s'y
trouvent. D'un autre côté , pourquoi présenter , comme fausse l'orthographe des
mots dont la figure n'est pas toujours d'un
parfait accord avec leur prononciation ?
Il en est une foule qui ne s'écrivent pas
de la même manière qu'ils frappent l'o-
reille. C'est l'usage qui en a consacré la
différence. Aucun principe de grammaire
n'a tracé de règle positive et fixe à cet
égard. C'est ainsi que l'usage seul nous
apprend que le mot *soierie* se prononce et
ne s'écrit pas *soirie* ; c'est ainsi qu'on écrit
réseau , au lieu de *reiseau* ; *morceau* , au
lieu de *morsau: même* , au lieu de *mesme* ;
science , au lieu de *ciance* , etc , etc.

Comme les premières impressions de-
meurent profondément gravées dans l'esprit des jeunes élèves, il est donc extrê-
mement important que , dans une cacographie, l'on s'applique à familiariser de
bonne heure les élèves avec les différences
qui existent souvent entre l'écriture et la
prononciation. Il ne suffit pas de leur présenter des fautes d'orthographe à corriger.
Il faut leur tracer les règles générales de

syntaxe, leur offrir des exemples où ces règles sont violées, leur apprendre à réformer les constructions vicieuses des phrases où se trouvent des barbarismes et des solécismes, des disconvenances et des équivoques qui blessent la pureté du langage, et en leur expliquant les lois de l'accord et de la dépendance respective des mots et des phrases, les accoutumer à établir, dans leur composition, cette harmonie qui satisfait tout à la fois les yeux et l'oreille et prête plus de grâce et de force à la pensée.

Tels sont les principes d'après lesquels l'auteur a rédigé la cacographie qu'il offre au public; il n'y a pas, a dit M. Lequien, beaucoup de gloire a acquérir par la composition d'un pareil ouvrage. Mais l'utilité, qui en est l'objet principal, n'a-t-elle point par elle-même sa récompense ? Les pères de famille ne peuvent qu'applaudir aux efforts des professeurs qui emploient tout leur temps, leur zèle et leurs talens pour l'instruction des enfants dont ils leur confient l'éducation. L'essentiel est de mettre le mieux possible, à la portée de l'intelligence de ces jeunes élèves, un ouvrage qui doit inculquer, dans leur esprit, les premiers élémens de la langue natale qu'il est toujours si utile de connaître et souvent si dangereux d'ignorer.

C'est dans cette vue que l'auteur a placé

dans les premiers chapitres la nomenclature des fautes qu'il signale aux élèves, afin de les faire connaître, de prime abord, à ceux qui copieront cette cacographie ; et pour les aider dans leur travail et leurs recherches à cet égard, on a mis en *caractères italiques* toutes les fautes signalées jusqu'au neuvième exercice des adjectifs, elles ne sont ensuite indiquées, jusqu'au huitième exercice des verbes, que par un chiffre qui se trouve à la fin de chaque phrase. Le surplus n'est indiqué par aucun signe, c'est alors à la sagacité des élèves qu'on a laissé le soin de les découvrir.

L'auteur ne se flatte point d'avoir porté ce petit ouvrage au dégré de perfection dont il pourrait être susceptible. Mais il ose espérer que l'on y trouvera une méthode plus sûre et plus instructive que celle des cacographies publiées jusqu'à ce jour. Ce n'est pas seulement dans l'intérêt particulier de l'institution qu'il dirige que l'auteur a composé cette cacographie. En la publiant, il ne forme d'autre vœu que celui d'être utile à l'éducation de la jeunesse dans toutes les écoles primaires où cette cacographie serait adoptée, et c'est uniquement dans cette utilité reconnue qu'il placerait la plus douce récompense des recherches et du travail qu'a exigés ce petit ouvrage élémentaire.

Extrait du Journal grammatical et didacti-que de la langue française, sous la direction de M. Marle, membre de l'Athénée.

De même qu'il ne suffit pas d'avoir beaucoup de matériaux à sa disposition pour être bon architecte, beaucoup de soldats pour être un grand capitaine, il ne suffit pas non plus d'avoir beaucoup d'érudition pour savoir enseigner.

Que d'hommes unissent les plus vastes connaissances à la plus brillante élocution, et pourtant sont incapables de communiquer aux autres la moindre partie de ce qu'ils savent ! ils voient trop et trop profondément ; le sujet le plus simple se présente à leur esprit avec mille rapports différents ; frappés de ces rapports, ils ne peuvent s'empêcher de les présenter tous à leurs élèves, qui, éblouis par le nombre, ressemblent à celui qui perd la vue dans le sein même de la lumière, en regardant fixement le soleil. Mais au contraire, que d'hommes d'un savoir moins étendu ou moins brillant, possèdent au plus haut degré le talent de faire passer dans l'esprit de celui qui les écoute, toutes les connaissances qu'ils ont acquises, toutes les idées dont ils sont pénétrés ; ceux-ci, loin d'avoir pu, comme les premiers, franchir d'un bond tous les obstacles, ont été arrêtés à chaque pas par les moindres difficultés , ils ont eu le temps d'examiner ces difficultés , de les approfondir , d'en découvrir le point le plus facile ; c'est par là qu'ils le font tenter à leurs élèves.

PREMIÈRE PARTIE.

CHAPITRE PREMIER.

DE LA FORMATION DU PLURIEL

DANS LES SUBSTANTIFS.

PREMIER EXERCICE.

Les *frère* du Prince.
Les *qualité* de l'âme.
Les bonnes *plume*.
Les *livre* des *enfant*.
Les *fable* de Lafontaine.
Les *étoile* du Ciel.
Les *table* des *école*.
Les *écolier* vertueux.
Les *soldat* des *Prince*.
Les *régiment* en campagne.
Les *bataillon* d'un corp.
Les *chasseur* ont tué des *lièvre*.
Des *canif*, des *plume* et des *crayon*.
Des *table* et des *banc*.
Des *couteau* et des *fourchette*.
Les *église* des *village*.
Les *chevau* et les *jument*.
Les *route* et les *chemin*.
Les *lièvre* et les *lapin*.
Mes *parent* et mes *ami*.

1

Mes *frère* et mes *sœur*.

Mes *vache* et mes *bœuf*.

Mes *terre* et mes *prairie*.

Mes *maison* et mes *château*.

Mes *bien* et mes *ami*.

Les *tableau* et les *cadre*.

Les *catholique* et les *protestant*.

Les *académie* de France.

DEUXIÈME EXERCICE.

Dieu appela les *eau*, pour punir la terre couverte de *crime*.

Je n'aime pas les *menteur* ; je déteste les *flatteur*.

Je hais tous ces *roman* dont la lecture est aride.

Cerbère, chien à trois *tête*, gardait les *enfer*.

Bénis soient les *roi* qui ont été les *père* des *peuple*.

Les *soin* et les *malheur* sont souvent les *compagnon* des *grandeur*.

Tout rappelle l'homme à ses *devoir*.

L'Espagne est bornée par les *Pyrénée* au nord. Elle produit des *chevau* renommés, des *canne* à sucre. Elle a des *mine* de toute espèce, des *pierre* précieuses et beaucoup de *fruit*.

Les *tailleur* font les *manteau*, les *chapelier* font les *chapeau*.

Les *plein* et les *delié* de l'anglaise en font la beauté.

Les *pâtissier* font les *gâteau* , les *fondeur* font les *tuyau*.

Les *injure* sont les *raison* de ceux qui ont tort.

Mes *neveu* lisent correctement , ils connaissent bien les *règle*.

J'ai mangé des *chou* , des *poireau* et des *navet*.

Les *branche* des *arbre*.

Les *ancien* érigeaient en *divinité* les *homme* qui avaient rendu des *service* éclatants à leur patrie.

Dix *vaisseau* et vingt-cinq *frégate* sont arrivés de différents *port* des *Inde*.

Les *hommes* ont deux *yeu* , deux *oreille* , deux *genou* , deux *main* , etc.

Cette mère a donné des *joujou* à ses *enfant*.

La jalousie est le plus grand de tous les *mau*.

Cet homme a vendu cinq *chevau* , deux *veau* , quatre - *vache* et quatre - vingts *mouton*.

Les *enfant* doivent écouter les *conseil* de leurs *parent* et de leurs *maître*.

TROISIÈME EXERCICE.

La fortune des *joueur* change avec la même promptitude que les *dé*.

Minerve présidait aux *art* et aux *science*.

Flore était la déesse des *fleur*.

Les *arbrisseau* de mes *avenue*.

Les *mage* étaient les *savant* des *orientau*.

On garde sans *remord* ce qu'on a acquis sans crime.

Mes *enfant* sont les *sujet* de nos *conversation*.

Que d'*homme*, comme les *plante* ont végété sur cette terre !

La fortune des *riche*, la gloire des grands *homme*, la majesté des *Roi*, tout finit par CI-GÎT.

Rien n'est si contagieux que l'exemple, et nous ne faisons jamais de grands *bien* ni de grands *mau*, qui ne produisent infailliblement leurs *pareil*.

Ces deux *opéra* (1) étincellent de mille *beauté*.

Nos *générau* sont braves comme des *César*.

Les *loup*-garous n'épouvantent que les vieilles *femme* et les *enfant*.

Pour désigner des *homme* cruels on dit : ce sont des *Néron*, des *Caligula*.

Le coloris résulte des *mélange* et de l'emploi des *couleur*.

Toutes les *troupe* immobiles avaient les *yeu* attachés sur lui.

C'est ainsi que les *peintre* et les *sculpteur*, prenant leurs *maîtresse* pour *modèle*,

(1) On écrit maintenant des *opéras*, des *aliénas*, des *rolos*, des *duos*. Voyez la grammaire de MM. Lequien, Noël et Chapsal.

les ont exposées à la vénération publique , sous les *nom* de différentes *divinité*.

QUATRIÈME EXERCICE.

Sachez à vos *devoir* immoler vos *plaisir ,*
Et pour vous rendre heureux , modérer vos *désir*.

La chimie s'occupe de la décomposition des *corp*, afin d'en découvrir les *principe* constituants.

Ma mère , jeune encore , unit aux *cheveu* blancs ,
Les *neige* de l'hiver aux *rose* du printemps.

Eh ! quoi , disait-on à un impie qui se raillait de l'enfer , les *homme* auront des *cachot ,* des *prison ,* des *roue* et des *feu ,* pour punir les *crime ,* et Dieu ne se sera rien réservé pour se venger des *méchant.*

Compatissez toujours aux *disgrâce* d'autrui ;
. Supportez ses *défaut ,* soyez fidèle ami.

Nous partîmes dans plusieurs *chaise* de poste , nous réunissant tous les *soir.*

Les *Hebridien* avaient autrefois un collége ou une société , pour les *joueur* de cornemuse.

Beaucoup de *personne* s'imaginent que le bonheur se trouve dans les *richesse.*

Il n'y a que les *fripon* qui fassent des *ligue,* les honnêtes *gent* se tiennent isolés.

Ma sœur a perdu ses *gant* et ses *ruban.*

La calomnie est un monstre né , sans *yeu ,* sans *oreille ,* mais avec cent *langue.*

Nos *rameur* étaient quatre jeunes *Hébridien* , qui nous conduisaient avec plaisir.

Les *production* de la terre sont abondantes.

Les *Ministre* des *Roi*.

Les *vieillard* vantent toujours le passé.

Je vous aiderai de mes *bien* et de mes *conseil*.

CINQUIÈME EXERCICE.

Il y a en Amérique 'des chauves-*souri* , que Buffon nomme *vampire*, parcequ'elles sucent le sang des *hommes* et des *animau*.

Il y a peu de *chose* impossibles par elles-mêmes , et l'on trouve plus de *voie* que l'on ne pense , pour y arriver.

Rien ne nous plaît tant que la confiance des *grand* et des *personne* considérables par leurs *emploi*.

L'intrépidité est une force extraordinaire de l'âme , laquelle empêche les *trouble* , les *désordre* et les *émotion* , que la vue des grands *péril* a coutume d'élever en elle.

Les *chien* , les *chat* , les *souri*.

Les *écolier* aiment plus les *jeu* que les *livre*.

L'union entre les *frère* et les *sœur*.

L'enfant prodigue fut réduit à garder les *pourceau*.

D'u pauvre qui vous doit , n'augmentez point les *mau;*
Payez à l'ouvrier le prix de ses *travcau*.

Des *habitant* de l'île accoururent , et nous jetèrent des *corde.*

Il ne se rappela ses anciennes *misère,* que pour mieux compatir aux *douleur* de ses *frère.*

Mes *richesse* ne valent pas les *peine* qu'elles m'ont coûtées.

Les *sanglier* ont échappé aux *chasseur* et aux *chien.*

Ange consolateur de tous les *malheureu ,*
De *la* contagion les *vapeur* homicides ,
Les *bagne ,* les *prison* et leurs *cachot* fétides ;
Rien ne peut effrayer son zèle généreux.

Le renard saisit les *lièvre* au gîte lorsqu'ils sont blessés ; il chasse les jeunes *levraut* en plaine ; déterre les *lapereau* dans les *garenne* ; découvre les *nid* de *perdri ,* de *caille* ; prend la mère sur les *œuf* et détruit une quantité prodigieuse de *gibier.*

CHAPITRE II.

DE L'ARTICLE.

PREMIER EXERCICE.

Lhomme, par ses *desir*, empiète sur *lavenir*.

Lhomme sensé ne répond jamais *aux injure*.

Loubli de la religion conduit à *loubli* de tous ses *devoir*.

Lhistoire est le portrait des *temp* et des *homme*.

Lenfant sage est la joie de ses *parent*.

Lenfer est le partage des *méchant*.

Les *défaut* de *lesprit*.

Lingratitude est le mépris ou *loubli* des *bienfait*.

Lâge amortit les *passion* et les force à s'éteindre.

Limpunité commence par rendre les *loi* inutiles , et finit par les rendre ridicules.

Linjustice produit tous les *mau* qui affligent *lhumanité*.

Lamour filial prescrit *au enfant* de soulager leurs *parent* dans leurs *travau* , d'exécuter leurs *volonté* , de prévenir leurs *désir* , de supporter avec patience leurs *defaut* et leurs *infirmité*, et surtout de les secourir dans leur vieillesse et dans leurs *besoin*.

Je possède *des* belles *maison*.

Cet homme trompe très-souvent ses *débiteur* par *des* belles *parole*.

Donnez-lui *des* bons *motif*.

Je ne vous ferai pas *des reproche*.

Il nous a allégué *des* bonnes *raison*.

DEUXIÈME EXERCICE.

Loisiveté est la mère de tous les *vice*.

Lhumilité est le fondement des *vertu*.

La vie que vous devez à vos *parent* comprend quatre *devoir* principaux ; le respect, *lamour*, *lobeissance* et le service.

On peut tout sacrifier à *lamitié*, excepté *lhonnête* et le juste.

Au yeu de *lenvie*, la réputation la mieux établie n'est qu'une erreur publique.

Le malheureux conserve toujours *lespoir* de voir finir ses *mau*.

Lamour des *richesse* produit souvent *linjustice*.

Lindocilité empêche toujours les *enfant* de profiter des *leçon* qu'on leur donne.

Plus on approfondit *lhomme*, plus on y démêle *des faiblesse* et des *grandeur*.

Lintérêt parle toutes *sorte* de *langue* et joue toutes *sorte des personnage*.

Les grands *esprit* sont *le* plus susceptibles de *lillusion de système*.

La lecture est pour *lesprit*, ce que *lalí-ment* est pour le corps.

Léclat des *grandeur* et *de richesse* n'éblouit point les *yeu* du sage.

Les *pensée le* plus sublimes ne sont rien, si elles sont mal exprimées.

Lignorance peut être appelée la nuit de *lesprit*.

La haine est si aveugle, qu'elle ne cherche pas même *de prétexte* pour se satisfaire.

Télémaque aperçut *des* sombres et *des* fausses *lueur*, *des* vaines *ombre*, *des* épouvantables *fantôme*, *des* horribles figures; il versa *des* pieuses *larme*, il jeta *des* profonds *soupir*.

CHAPITRE III.

—◁●▷—

SUR L'ACCORD DE L'ADJECTIF AVEC LE SUBSTANTIF, ET LE PRONOM.

EXERCICE PREMIER.

Des *prairie fleuri devenu sèche* et *stérile.*

Des *campagne ruiné*, des *bien vendu* et *livré.*

La route mauvaise, les *route mauvaise.*

Les *prière fervente* appaisent Dieu.

Les *ami constant*, *sincère* et *désintéressé*, sont *rare.*

Notre corps est *mortelle* et notre ame est *immortel.*

Les hommes flottent sans cesse entre de *fausse espérance* et de *vaine crainte*.

Les *terre australe* entourent les *pôle* ; elles sont peu *connu* et peu *habité*.

Les Français sont d'une taille moyenne, bien *proportionné*, *actif* et *dispos* ; ils sont *vive*, courageux, *ardent* dans les *combat* ; ils sont *poli*, *léger*, *bon* et *confiant*, *vain* et *spirituelle*, *ami* des nouveautés et des *mode*, *propre* aux *science* et aux *art*. Les *femme* sont *célèbre* par leurs grâces et leur beauté ; elles sont très-*spirituel*.

Une montagne est une masse de terre *élevé* au-dessus du niveau de la mer.

Le défaut des *Prince facile* et *inappliqué*, c'est de se livrer à des favoris artificieux et *corrompu*.

Cet auteur a sacrifié de *grande somme* à de *nombreuse expérience*.

L'innocence ressemble à une *belfleur* qui brille des couleurs les plus *vif* et qui répand l'odeur la plus agréable.

DEUXIÈME EXERCICE.

La pendule et la montre *réglé*.
La porte et les fenêtres *ouverte*.
L'œillet et la rose *fleuri*.
Les avoines *sec*.

La politesse ne consiste pas dans les cérémonies *affecté*, mais dans les *manière aisé*, *civile* et *respectueuse*.

En Crète, chacun se croit assez payé de son travail par une vie douce et *régle*. On n'y voit point de *meuble précieus*, d'*habit magnifique*, de *festin* délicieux, ni de palais *doré*. Les *habit* sont de laine fine et de *belle couleur*, mais tout *uni* et sans broderie. Les repas y sont *sobre* ; on y boit peu de vin ; le bon pain en fait la principale partie. Les *maison* y sont *propre*, *commode*, *riante*, mais sans *ornement* ; la superbe architecture n'y est point *ignoré* ; mais *elles* est *réscrvé* pour les *temple* des *Dieu* ; et les hommes n'oseraient avoir des maisons *semblable à celle* des *immortelle*.

La vertu *seul* ou la véritable probité met les *homme* en état de remplir les *place public*.

L'heure tant *désiré* arriva enfin.

Tout ce qui nous environne nous renvoie notre image ou *adouci* ou *changé*.

La raillerie est l'arme *favori* du vice.

La vertu *seul* peut rendre un homme heureux.

C'est la destinée des *grand homme* d'être *attaqué* pendant leur vie.

Les plus *haute montagne* sont les *réservoir* d'où sortent les plus *grand fleuve*.

Quel gloire, *quel* magnificence environne le trône de la divinité !

Les personnes *dévote* peuvent avoir des *défaut*, et *elle* en ont sans doute, parce qu'on est toujours homme.

TROISIÈME EXERCICE.

Ma chambre *peint* en couleur *bleu* est fort *joli.*

Ton ami demeure dans une *chétif* cabane.

Cet jument est *rétif.*

Ces *demoiselle* sont *spirituel ,* *ellé* parlent avec éloquence *,* mais *ele* sont trop *craintif.*

On dit *,* et avec beaucoup de raison *,* *telle* père , *tel* mère , *telle* enfants.

La grammaire et l'histoire sont aussi *agréable qu'elle* vous paraissent *utile.*

Ne perdez point le temps à des *chose frivolle.*
Le sage est ménager du temps et des *parole.*

Nous devons éviter les *impie* comme des *peste public.*

Le serpent *infernalle* avait fait espérer à nos *premier parent,* que le fruit défendu éclairerait leur esprit des *lumière* les plus *vif.*

Les *occupation* de mon père sont toujours les *même* que les *précédente.*

La vertu et la science peuvent *seul* nous rendre heureux.

Henri Quatre se conduisit avec une loyauté et une fermeté *admirable.*

Tout mon argent est *perdue* ainsi que tout mes *outil*

Le *belle* autel *élevee* sur *une* monticule a été *détruite.*

Cette acte *notariée* a été mal *faite ;* c'est pourquoi *elle* a été *déclarée nulle.*

L'or et l'argent sont peu *commun.*

La couverture de mon lit est *déchiré.*

Cette homme va tête *nu,* jambes *nu,* bras *nu.*

L'homme *veuve* doit conserver sur *ces* enfant l'autorité *paternel.*

QUATRIÈME EXERCICE.

Les *chose* les plus *souhaité* n'arrivent point.

A mesure que l'industrie et les arts *mécanique* fleurissent , souvent les *art* les plus *nécessaire* sont *négligé.*

Il n'y a pas de gens plus *vain* que ceux qui sont *plein* de leur mérite.

Disposez mon cœur , ô mon Dieu , à profiter des vérités *contenu* dans votre saint évangile. Vous avez les *parole* de la vie *éternel.*

Quel puissance l'homme n'a-t-il pas sur les *animau !*

La fable est *immortel ,* elle conservera son empire.

Cette enfant se distingue par sa piété *filial.*

François I.ᵉʳ était le protecteur des *bels lettre.*

Les animaux sont *sensible* aux *bienfait.*

Vous me dites bien des *chose ignoré.*

Un homme *veuve ,* et une femme *veuf.*

Du pain *sèche*, et de la viande *sec*.

J'ai vu des *indienne bleus*.

Paris est une des plus *grande* ville du monde ; il y a de *grande* et *bels* maisons, de *superbe* églises , des rues *longs* et de *beaus* édifices.

Quelle fléaux pour les *grand* , que *ses* hommes *né* pour applaudir à *leur* passions!

La paix ! *quelle* homme la goûte sur la terre ?

La lutte *continuel* des passions contre la raison ne nous laisse aucun repos.

La vic paisible et *privé* est l'écueil des *réputation* les plus *brillante*.

La Chine est un des pays les plus *peuplé* de la terre.

Les mauvais *dessein* des hommes *corrompu*.

Ces *méchant* enfants méprisent les *bon* conseils.

Cet dame a la figure *vermeil*.

L'homme qui a des *sentiment élevé* , est incapable de faire des *chose basse*.

La politesse , quand elle est bien *placé*, est le plus *belle* ornement des *parole* et des *action*.

CINQUIÈME EXERCICE.

La *viel* Castillé produit des *laine estimé*.

Cet femme est *considéré* et *estimé*.

La lune *caché* et *obscurci*.

Une montre *perdu*, des montres *perdus*.

Un porte-feuille et une bourse *perdue*.

Les *bon* offices et les *présent* gagnent moins les *cœur* que les *parole honnête et poli*.

Une santé parfaite est *meilleur* que les *grande* richesses. On la ruine souvent par des *debauche honteuse* et des mœurs *depraves*.

Un homme noyé, une femme *noyé* ; un homme et une femme *noyée*.

Le *vraie* langage dépend d'une conscience *pur*.

La vie *présent* n'est pas à comparer à la vie *futur*.

Pourquoi les *muse* sont *elle restée* filles ?

C'est parce qu'*elle* sont *pauvre*.

Les *bon* exemples des *parent*, sont des *moyen propre*, pour inspirer *au* enfants l'amour de la vertu.

Il n'y a de supériorité *réel* que celle qui est *donné* par le génie et la vertu.

Une mère *traîné* par *ces* filles, s'écria sur le seuil de la porte : arrêtez, *malheureus enfant* je n'ai traîné ma mère que jusqu'ici.

Il n'y a point de loi pour punir l'ingratitude ; les *ancien* la mettaient au nombre de *ses* crimes *horrible* dont ils laissaient la vengeance *au* dieux.

Une *seul* journée d'un Prince vraiment *vertueus*, vaut mieux que la *long* carrière d'un conquérant.

Par une espèce de possession *anticipé*, l'âme jouit d'un bien qu'elle n'a pas encore.

SIXIÈME EXERCICE.

Une Princesse d'une naissance *incertain*, *nourri* par une femme *prostitué*, *élevé* par des *berger*, est depuis *devenu* souveraine d'une puissance *distingué*.

La vertu timide est souvent *opprimé*, la vertu *obscur* est souvent *méprisé*.

L'herbe *foulé* et *ravagé* par les chevaux.

Des compagnies *ruinés*, des biens *vendue* et *livré*, des propriétés *vendus* et *livrés*.

La chambre *obscur* et *noir*, les chambres *obscurs* et *noirs*.

L'enseignement *mutuelle*. L'assurance *mutuel*.

La fleur *épanoui* et *fané*, les fleurs *épanouis* et *fanés*.

Les *crime puni*, la vertu *recompensé*.

L'éléphant est le plus *grands* de *tout* les *quadrupède*, et l'autruche le plus *grand* de *tout* les *oiseaus*.

Quand les *jours* sont *long*, les *nuit* sont *courte*.

Vous paierez *cet* somme en deux paiements *égal*.

Il trouva les *rivière glacés*.

N'attendez pas que j'expose à vos *yeus* les *triste* images de la patrie *éploré*.

Les *Grec* étaient plus *vaillant* que les *Perse*.

L'histoire *Grec* nous présente des choses *instructifs* et *touchante.*

On dit que les *Egyptien* étaient les plus *reconnaissant* des hommes.

SEPTIÈME EXERCICE.

Les *manière durs* de *certaine* personnes gâtent tout le bien qu'*elle* font.

Mon fils, dit le sage, ne mêlez jamais les *reproche* à vos *bienfait*, et ne joignez pas à votre présent des paroles *triste* et *affligeante.*

Les louanges *trivial* et *commune* ne flattent que les *sot.*

> Quelle que soit, ou *vrai* ou *figuré*,
> De ce revers l'histoire *aventuré...*

Des *vaisseaus submergé* et *coulé* à fond. Des fonds *envoyé*; des marchandises *expédiés*; une épouse *chéri* et *estimé*; des enfants *chéri* et *estimé.*

Les *petit* vases renferment quelque fois les choses les plus *précieuse* et les plus *estimable.*

Les avantages de la nature sont *nul* chez les hommes qui ne savent pas en profiter.

La *vrai* félicité consiste dans la vertu *seul.*

Vous avez des *cheveus chatain* et des yeux *bleu.*

On prend des manières *polis* et *gracieuse* avec les gens *aimable* et bien *élevé.*

Il vit les ossements des vaincus, *rassemblé* et *rangé* avec un pompeux *apareille*.

Défait, *dispersé* sur tous les points, les Anglais qui avaient échappé au fer des Français, évacuèrent Alkmaër.

Les fêtes *célébrés* en l'honneur de Saturne, s'appelaient *saturnals*.

L'exercice et la tempérance sont *capable* de conserver *au* viellards quelque chose de leur première vigueur.

La peine et les *chagrin survenu*.

Toute les troupes *immobile* avaient les yeux *attaché* sur lui.

Il racontait si bien les *chose passés*, qu'on croyait les voir.

Plusieurs *Prince* ont péri pour expier des *injure personnels*.

HUITIÈME EXERCICE.

Les filles de Prétus furent *frappés* d'un genre de folie qui leur fit croire qu'*elle* étaient *changés* en vaches.

La *vrai* marque d'une vertu *solides* et d'un grand mérite, c'est de combattre *tout* les mouvements *déréglé* et *toute* les passions qui naissent dans l'âme.

Nous ne pouvons trahir la vérité sans nous rendre *méprisable*.

Quels sont les cinq *partie* du monde ? *quel* est la plus grande, *quel* est la plus petite, *quel* est la plus *peuplé* ?

Les *grand* besoins naissent des *grand* biens.

Le public se révolte contre les *louange outrés.*

Quel est *cruel* et *absurd ,* *cet* gloire qui porte les hommes à se détruire les uns les autres !

. Les passions *ennemi* les unes des *autre ,* se font une guerre *perpetuel.*

L'honneur *acquise* est caution de *celle* qu'on doit acquérir.

Tout les corps *pesant* ont une propension *naturel* à descendre.

Sans une attention *continuel* à *toute* les paroles , on risque de choquer bien des gens.

L'homme sage est celui qui ne *c'écarte* jamais de *ces devoir.*

Les qualités du corps sont moins *précieuse* que *celle* de l'esprit.

Un fleuve paisible a *les* rives *fleuris.*

Deux *chose* sont bien *mauvaise ,* quand la *meilleur* des deux est le mensonge.

L'éducation *public* est tres-*favorables* à la liberté.

NEUVIÈME EXERCICE. (1)

Le désir de paraître généreux nous rend souvent prodigue. (1 faute).

Les *méchant* ne peuvent souffrir l'aspect de la vertu ; elles les condamne, il *c'aigrissent* et *c'irritent* contre elles. (6 f.)

_____

(1) Les fautes a corriger seront indiquées par un nombre placé à la fin de chaque phrase.

Sophocle et Euripide `, deux fameu poëte tragique , étaient Athénien. (4 f.)

Quelque petit que fussent ses objet , il étaient digne de mon attention , puisqu'il avaient mérité cel de la nature. (7 f.)

Et de-là quelle déluge de maus dans le peuple! les places occupés par des hommes corrompu ; les passions , toujours punis par le mépris , devenus la voie des honneurs et de la gloire; l'autorité , établi pour maintenir l'ordre et la pudeur des lois, méconnu par les excès qui les violent; les mœurs corrompus dans leur source ; les astres qui devaient marquer nos routes, changer en des feus errant qui nous égarent ; les bienséances publics renvoyés comme des usages suranner. (15 f.)

DIXIÈME EXERCICE.

J'ai confié mes secret et les vôtre à ma tante. (2 f.)

Cybèle était connu sous le nom de Vesta. On lui avait consacré sous se nom, un feux perpétuelle , dont le soin était confié à de jeune vierge, appelés Vestale. (8 f.)

De quelle homme parlez-vous ? (1 f.)

De quel personne avez-vous reçu ses beaux livres ? (3 f.)

A quel servante ou à quelle valet, avez-vous donné cet lettre? (3 f.)

Duquelle de ses maîtres avez-vous reçu

l'instruction ? de celui qui a une perruque noir. (3 f.)

On a parlé de mon ouvrage dans les villes éclairés avec de grand éloge, et on a publié que c'était la meilleur de mes satire. (5 f.)

On représente quelquefois Bacchus sur un char trainée par des tigres, tenant une baguette entourer de pampre de lierre, surmonté de pin. Ces prêtresses sont appelés Bacchante. (7 f.)

Les habitudes vicieuse sont des maládie auxquels les secours humain ne peuvent seul remédier. (5 f.)

Les paysan de l'Attique, célébraient les fêtes de Bacchus en sautant sur des peaus enflés en forme de ballon, et frotés d'huile. (5 f.)

ONZIÈME EXERCICE.

Appliquons-nous à l'étude, sinon nous serons incapable de remplir les place auquel la Providence nous destine. (3 f.)

Les fautes des autre n'excusent pas les nôtre. (2 f.)

La bonté du Seigneur de laquel nous ressentons tout les effets, devrait bien nous engager à observer ces commandement. (4 f.)

A quelle marque les voitures du Prince seront-elle reconnus. (3 f.)

Priape est représentée avec une barbe et une chevelure fort négliger. (2 f.)

La musique et le dessin me paraissent fort amusant. (1 f.)

Les honneur et les richesse peuvent seul contenter l'ambition. (3 f.)

Cette homme dormait la poitrine et les bras découvert. (2 f.)

Cet femme marchait la tête et les pied nue. (3 f.)

Surtout qu'en vos écrit la langue révéré ,
Dans vos plus grand excès , ne soit jamais violé. (4 f.)

Il y a dans le monde des personne très-discrètes et très-charitable auquel on peut confier ces chagrin. (6 f.)

Les personnes qui ont le cœur bon et les sentiment élever , sont ordinairement généreux. (3 f.)

Là, on trouvait un bois , de ses arbres touffu qui portent des pommes d'or , et dont la fleur, dans toute les saison, repand le plus dous de tous les parfum. (6 f.)

La plus chétif cabane renferme souvent plus de vertus que les palais des Roi. (2 f.)

Les science ont des racine amer , mais les fruit en sont dous. (5 f.)

La nature , en nous donnant deux oreille et une seul bouche , a voulu nous faire connaître , qu'il faut plus souvent écouter que parler. (2 f.)

La vie est un journal sur lequelle on ne doit inscrire que les bonne actions. (2 f.)

DOUZIÈME EXERCICE.

Qui est l'homme si sages qui puisse savoir parfaitement toute choses? (2 f.)

Ne vous fiez point trop à vos propre lumière , mais recevez volontiers cels des autre. (4 f.)

Si vous avez quelque bonne qualité , croyez que les autre en ont de meilleurs. (2 f.)

Une seul journée d'un sages vaut mieus que tout la vie d'un sot. (4 f.)

Le plus belle héritage qu'un père puisse laisser à ces enfants , héritage milles fois préférables aux plus riche patrimoines , c'est la gloire de ces vertus et de ces bels actions. (8 f.)

Les provinces conquis , les batailles gagner les négociations difficilles terminés, le trône chancelant affermi : voilà ce que publient les titres et les inscription. (5 f.)

Pour nous autre , nous sommes trop occuper de nos propre passions , et nous nous mettons trop en peine des choses passagère. (4 f.)

Les âme dur et cruel ne connaissent point la douceur. (5 f.)

Ne demandez point qui a dit tel chose , mais prenez garde seulement à se qui est dit. (2 f.)

Lequelle de ses deux hommes est le plus heureus ? (3 f.)

Cet demoisel est auteur de cet joli-romance. (4 f.)

TREIZIÈME EXERCICE.

Tout les corps pesant ont une propension naturele. (3 f.)

Sans une attention continuele à tous ces paroles, on risque de choquer bien des gens. (3 f.)

L'homme sages est celui qui ne s'écarte jamais de ses devoir. (2 f.)

Quels délices peut-on comparer à cels que cause une bonne action ! (2 f.)

Près de l'aigle Romain milles enseignes bizarre
Rassemblent sous ces lois milles peuples barbare.
(4 f.)

Quel est la personne assez sot pour croire qu'il devoura son fils à l'usurpateur ? (2 f.)

Toute les troupes immobile avaient les yeus attacher sur lui. (4 f.)

Là, sur cet fleur élevé, ce pose un petie papillon ; il déploie ces ailes bigarés ; de petite taches de pourpre sont répandu sur leur fond d'argent, et sur leur bords une lisière d'or se marie avec les nuance d'un beaus verd. (12 f.)

Evitez les compagnie mondaine, les conversations inutile, l'épenchement et les liaison du cœur qui ne sont ni régler ni dominer par l'amour de Dieu. (6 f.)

Un état et une province pleupler de barbare. (2 f.)

Un mot prononcer ; une parole prononcé ; un mot et une parole prononcer. (3 f.)

Il y a à Paris un enseignement pour les sourd et muet. (2 f.)

Un homme infortuner ; une personne infortuné ; un homme et une femme infortuner. (3 f.)

Cette homme a fait faire à son fils un nouvelle habit , et à sa fille une nouvel robe. (3 f.)

Des bains pure ; de l'eau pur ; des tapis verd ; des couleurs verdes. (4 f.)

Un combat navale , des combats naval. (2 f.)

QUATORZIÈME EXERCICE.

Ah ! mes frère , que de bien , encore une fois , vos seul exemples peuvent faire parmi les peuple ? les plaisirs publiques décrier dès que vous les négligez ; les usages dangereus surranner dès que vous les abandonnez ; la source de presque tout les désordre taris dès que vous vivez selon Dieu : et de-là , que d'âme préservés ! que de malheur prévenues ! que de crime arrêté ! que de maus empêcher ! quelle gain pour la religion , qu'une seul personne élever qui vit selon la foi ! (22 f.)

Les loup-garou n'épouvantent que les vieilles femme et les enfants. (3 f.)

Reine , l'excès des maus ou la France est livré ,
Est d'autant plus affreus que leur source est sacré.

(4 f.)

La nature a pour les âmes sensible une beauté et un charme toujours nouveau. (2 f.)

Le travail est une meilleur ressource contre l'ennui , que les plaisir. (2 f.)

QUINZIÈME EXERCICE.

Les question proposés ne sont pas facile à résoudre. (3 f.)

Les occupation matinière valent mieus que celle de la journée. (4 f.)

Vous connaissez ces prétention , quels sont les vôtre ? (4 f.)

Que de gens craignent de ce faire voir telle qu'il sont , parcequ'il ne sont pas telle qu'il devraient être ! (6 f.)

Il faut éviter ses formule interrogatifs : dors-je , lis-je ? (3 f.)

Ni la guerre altéré de sang , ni la cruel envie ne sont connus dans nos climat. (4 f.)

La vertu et la gloire oprimer par vous , sont relevés par moi. (2 f.)

Mes jardin et mes promenades sont entourer de haie vifs et touffus. (5 f.)

Les dépenses superflus que tu fais ne seraient approuver ni reçus chez moi. (3 f.)

Des dames fort jolis et estimés de tout les habitant , ont été insulter par des polisson des faubourg. (7 f.)

Seigneur, la grandeur et la rapidité de
tes conquête iront étonner les siècle les
plus reculer. On vantera des armées vaincus, des cités détruits, tant d'obstacle
surmonter, tant de route inconnus ouverts
par ta valeur ; les provinces les plus loin-
taine abattus, consterner au seul bruit de
ta marche. (13 f.)

SEIZIÈME EXERCICE.

Il y a des maus inévitable, et tous se
que peut faire l'homme justes, s'est de
ne pas mériter les siennes. (7 f.)

> Les vers que tu nous dis, Oronte, sont les sien ;
> Mais quand tu les dis mal, il deviennent les tien.
>
> (3 f.)

Mes enfant, si vous voulez être estimé,
il faut que vous soyez poli, complaisant,
dous, affable. (6 f.)

Cette homme est savant, mais il n'est
pas vertueus : cette autre possède de
grande vertus, mais il n'a pas d'instruction. Auquelle des d'eux donnerons nous
la préférence ? A celui, sans doute, chez
lequelle les connaissance sont remplacés
par les vertus. (9 f.)

Les société dans lesquels nous nous
trouvons ordinairement, ne contribuent
pas peu à nous rendre juste ou injuste,
honnête ou dépraver ; il sera donc toujours de l'intérêt d'un jeune homme
qui voudra se former l'esprit et le cœur,

de fréquenter des gens vertueus et instruit.
(8 f.)

Je plains les jeune gens qui sont assez
stupide pour préférer de frivole amusement
aux charme de l'étude, et des plaisir
honteus au douceurs de la vertu. Que de
regrèt il ce préparent ! Quel destinée
affreuse leurs est réservé. (14 f.)

:.Le lendemain on voit arriver le corps,
revêtue de la pourpre royal, et porter par
les principaus des sabin. Milles jeunes
guerrier le précèdent : il s'avancent les
armes renversés, la tête basses, marchant
d'un pas lents au son lugubre d'une trom-
pette aigu. L'inconsolable Tatia, enve-
lopper de voile funèbre et couronner de
cyprès, jette sur le cercueil des fleurs
trempés de ces larmes. (18 f.)

La vertu est bel dans les plus laid, et
le vice est lait dans les plus beaus. (4 f.)

L'intempérance change en poison mortelle les aliment destiner à conserver la
vie. (3 f.)

Il est plus beau de vaincre ces passion
que de vaincre ces ennemi. (4 f.)

DIX-SEPTIÈME EXERCICE.

Il n'est aucune nation dont l'histoire
offre de plus riche tableau, de plus grand
exemple, de plus utile leçon que celle
des provinces qui forment le royaume des
Pays-Bas. (6 f.)

Dans l'éducation des jeune gens, on doit avoir pour but de leurs cultiver , de leurs polir l'esprit et de les disposer à remplir dignement les différente place qui leurs sont destinés ; mais surtout on doit leurs apprendre les devoirs de notre saint religion. (9 f.)

Visitez les chevaus et donnez-leurs à manger. (2 f.)

Ces arbres sont trop charger , il faut leurs ôter une partie de leur fruit. (4 f.)

En examinant avec plus d'attention , nous voyons des montagnes affaisser , des rochers fondues et briser , des contrée engloutis , des île nouvels , des terrain submerger , des cavernes comblés , nous trouvons des matière pesante posés sur des matières léger , des corps dures environner de substance mole , des choses secs , humide , chaude , froid , solide , friable , toute mêlés , et dans une espèce de confusion qui ne nous présente d'autre image que celle d'un amas de débris et d'un monde en ruine. (24 f.)

Que de rempait détruit ! que de villes forcé !
Que de moisson de gloire en courant amassé.
(5 f.)

La France demande à ne pas perdre plus long-temps le fruits des transaction préparés , discutés et différer , plutôt que rompus. (6 f.)

La vénération du à la vieillesse est un

devoir si fonder sur les principes de la nature , que les nations policés et les nations sauvage l'ont recommandée dans tout les temps et dans tout les lieus par leur exemples et par leurs lois. (8 f.)

Il n'est pas de satisfaction plus douse que celle de faire des heureus. (2 f.)

DIX-HUITIÈME EXERCICE.

Heureux les enfants dont les instituteur sage et vigilant travaillent de concert avec des parents attentif et chrétien , à perfectionner leurs âme et à orner leurs esprit de connaissance utile. (9 f.)

Les voyelles bref sont celle sur lesquels on appuie moins long-temps. (3 f.)

La renommée est charger d'annoncer à l'univers tous les nouvelle bonne ou mauvaise , vrais ou fausse. (7 f.)

Nous avons déjà démontré dans plusieurs article combien est fauce cet idée que les institution doivent varier avec les temps et les circonstance , et que les vieille institution , vers lesquels on voudrait nous faire rétrograder , ne conviennent plus à la France régénérer. Ses vérités , présentés sous toute les forme , soutenus de toute les preuves , étaient depuis long - temps des sentiments ; elle sont devenus des axiôme , et il est aujourd'hui presque aussi ridicule de les soutenir que de les combattre. (17 f.)

Un prince cruelle et vindicative. Une princesse cruel et vindicatif. (4 f.)

Les hommes instruit sont digne des plus haute considération. (4 f.)

A la religion soyez toujours fideles,
On ne sera jamais honnête homme sans elles.

(2 f.)

DIX-NEUVIÈME EXERCICE.

L'armée grec a combattu contre l'armée turc. (2 f.)

Cet homme occupe une place public. (1 f.)

Plus les propriétés sont morcelés et se croisent les une les autre , plus aussi il c'élève de contestation entre les possesseur. (6 f.)

Reconnais donc , mon fils , quel était ton imprudence de courir toi-mêmes te livrer à tes plus cruelles ennemi. (4 f.)

Cet grotte était taillé dans le roc en voûte plein de rocaille et de coquille ; elles était tapisser d'une jeune vigne qui étendait ses branche souple également de touts côtés. (9 f.)

Des fontaines coulaient avec un dous murmure sur des prés semé d'amarante et de violette , formaient en divers lieus des bains aussi pures et aussi claires que le cristal. Milles fleur naissant émaillaient les tapis vert dont la grotte était environner. (12 f.)

Là, on découvre la mer, quelque fois clair et uni comme une glace, quelque fois follement irrité contre les rocher. (4 f.)

A la fête donné par la ville, il y avait des dames élégamment habiller; il y avait aussi des femmes très-mal vêtu ; on y voyait également quelque hommes mal couvert ; mais il paraissaient assez bien élever. (7 f.)

Les enfants aimé de leur parents, estimé de leur maîtres et chéri de leur camarades obtiennent des éloges mériter et éprouvent de grande satisfactions. (8 f.)

Ses arbres abattu par le vent sont plein de poire gâtés. Ses fruits mépriser et abandonné au oiseaux par le jardinier, auraient fait du bien à des indigent affamer et privé du nécessaire. (12 f.)

VINGTI ÈME EXERCICE.

Les pères craint de leur enfants les empêchent, par une sévérité bien entendu, de faire des actions défendus par la religion et par les lois. (4 f.)

Les demoiselles élevés sous les yeus de leur parents ont, en général, des habitudes plus distinguer et une tenue plus soigné que les jeunes personne élevés dans une pension. (7 f.)

Quel est bel cette nature cultivé ! Que, par les soins de l'homme, elles est brillante

2*

et pompeusement paré ! Ils en fait lui-
même le principale ornement , ils en est
la production la plus noble : en ce multi-
pliant , ils en multiplie le germe le plus
précieus ; elles-même aussi semble ce mul-
tiplier avec lui ; il met au jour par son
art tous se qu'elles recelait dans son sein.
Que de trésor ignoré ! Que de richesses
nouveles ! Les fleurs , les fruits , les grains ;
perfectionner , multiplié à l'infini ; les
espèces utile d'animaus transportés , pro-
pager , augmentés sans nombre ; les espèces
nuisible réduit, confinés , rélegués ; l'or,
et le fer plus nécessaire que l'or , tiré des
entrailles de la terre ; les torrent contenu ,
les fleuves diriger , resserré ; la mer soumis , reconnu , traversé d'un hémisphère
à l'autre ; la terre accessibles partout , partout rendu aussi vivant que féconde ; dans
les vallées , de riants prairies ; dans les
pleines de riche, paturâge , ou des moissons
encore plus riche ; les collines charger de
vigne et de fruit , leur sommets couronner
d'arbre utile et de jeune forêt ; les déserts
devenu des cités habités par un peuple
immense , qui , circulant sans cesse , ce
répand de ses centres jusqu'aux extrémité ;
des routes ouvert et fréquentés , des com-
munications établis partout , comme
autant de témoin de la force et de l'union
de la société. (62 f.)

CHAPITRE IV.

SUR L'ACCORD DU VERBE

AVEC SON SUJET.

PREMIER EXERCICE.

Les enfants serons toujours la consolation de leur parent. (3 f.)

Ses ouvriers aurait beaucoup d'argent s'ils ne l'avait pas dépensé inutilement. (3 f.)

Je pardonnent à mes ennemis, comme tu pardonne aux tienne. (3 f.)

Tu pardonne à ces enfants comme je pardonnes aux miennes ; je les avaient déjà pardonnés , mais puisqu'ils recommences à mentir, tu doit les punir. (6 f)

Tu est sincère , ma fille , mais ton frère ai faus. (3 f.)

Tu parle de tes enfants , tu dit que tu les aiment , tu a raison , je les aiment aussi. (5 f.)

Mes sœurs qui voulais me faire rentrer en moi-même , me disait ; tu périra si tu continus de vivre dans tes désordres. (3 f.)

Tu dit que je continus de vivre dans les plus vils débauches , mais toi ; ne continus-tu pas de vivre toi-même dans les tien? (5 f.)

Je veut que ses écoliers soit plus attentif à nos leçons. (4 f.)

Démocrite n'étais jamais triste, il disais: les hommes serait heureu , s'il n'avait pas tant de besoin. (6 f.

J'aime l'étude et tu aime la promenade. (1 f.)

Les louanges serait d'un grand prix , si elle nous donnait les perfections qui nous manque. (4 f.)

Malheur à ceux qui aime et qui estime plus les richesses que la vertu. (2 f.)

Les paroles durs et les mauvaises façon ne corrige personne. (3 f.)

Pour connaître l'esprit des fables , on les examinent chez tout les peuples civilisé à qui elle ont appartenu , et ont les comparent ensemble afin qu'elle s'éclaires mutuellement. (8 f.)

DEUXIÈME EXERCICE.

Je ne connait aucun héritage plus avantageux qu'une éducation soigné ; car , l'éducation seul , distinguent l'homme de l'homme. (4 f.)

Les esprits borner affectes ordinairement de mépriser tout les hommes qui ce trouves au dessous d'eux. (5 f.)

Le Français ne parais léger aux autre

peuples, que parce qu'ils conçois avec facilité se qu'ils calcules avec peine. (7 f.)

La vérité révoltent souvent une âme vif; mais elles persuades un esprit juste. (4 f.)

Maison de paille où l'on rie, vaux mieux que palais où l'on pleurent. (3 f.)

L'air qu'on respirent sur les tombeaux, épures les pensées. (2 f.)

Tu nomme tes amis méchant, parce-qu'ils te représentes tes torts ; cependant c'est par-là que l'on connais les vrai amis. (5 f.)

Milles parties de plaisir ne laisse aucun souvenir qui vaillent celui d'une bonne action. (3 f.)

Les sciences et les arts qui sont l'orne-ment de l'esprit, contribue au bonheur de ceux qui les cultives. (2 f.)

Les méchants détestes ordinairement les bons ; la vertu et le mérite leurs paraisse ridicule et insuportable. (5 f.)

Le 19 août 1799, quinze milles anglais débarquère au Helder ; Brune ne leurs laissat pas le temps de prendre des posi-tions; il les attaques, les bats et les re-poussent jusques sur leur vaisseaux. (8 f.)

> Décend du ciel divine astrée ,
> Raménes-nous ses jours heureux ,
> Ou des mortels seul adoré ,
> Seul tu comblait tout leur vœux.

(9 f.)

Les avares aurait tout l'or du Pérou et il en désirerais encore. (3 f.)

TROISIÈME EXERCICE.

L'espoir d'une condition plus heureuse,
adoucie les peines qu'on éprouvent (2 f.)

Dieu veux que les enfans aimes, hono-
res et respecte les auteur de leur jours.
(6 f.)

Le travail et le courage, surmonte tout
les obstacles. (2 f.)

Si tu continus tes excès, ils te condui-
rons au tombeau. Moi, je prend tout les
moyens possible pour quitter les mien.
(6 f.)

La paresse chemines si lentement, que
la pauvreté ne tardent pas à l'atteindres.
(3 f.)

Lafontaine mettais au rang de ces meilleurs fables, selle du chêne et du roseau.
Avant que de la lire, essayont nous-même,
dis l'abbé le Batteux, quels serait les idées
que la nature nous présenteraient sur ce
sujet. Prenont les devant pour voir si
l'auteur suivrat la même route que nous.
(13 f.)

Souvien-toi que tu a été faible, et prend
les autre en considération. (4 f.)

La mauvaise fortune nous corrigent de
certain défauts que la raison ne saurais
guérir. (3 f.)

Le loup manges, mangais, manga,
mangras, mangrais, auraient mangé une
brebis. (6 f.)

Les bons maîtres dirige, dirigaient,

dirigrons les domestiques avec douceur.
(3 f.)

Les vrai amis attende qu'on les appellent
dans la prospérité ; dans l'adversité, il ce
présentes d'eux-même. (7 f.)

L'affectation es aussi insupportable aux
autre qu'elles ai pénible à celui qui l'em-
ploit. (5 f.)

Tu supporte des injustices , consoles-
toi : le vrais malheur es d'en faires. (5 f.)

Corrigé avec soin vos écrits si vous voulais qu'on les lisent plusieurs fois. (3 f.)

CINQUIÈME EXERCICE.

Les eaus ménacaient de nous englou-
tirs. (3 f.)

On attent avec impatience la réponse
du Roseau ; si on pouvaient la lui inspirer,
on ne manqueraient point de l'assai-
sonner. (3 f.)

Dès qu'on nous annoncent le chêne et
le roseau , nous somme frappés par le
contraste du grand avec le petit , du fort
avec le faible. Voilà une première idée qui
nous es donnée par le seule titre du sujet.
Nous seriont choqués, si , dans le récit
du poëte elles ce trouvaient renversée de
manière qu'on accorda la force et la grandeur au roseau , et la petitesse avec la faiblesse au chêne ; nous ne manqueriont pas
de réclamer les droits de la nature , et de
dires qu'elles n'es pas rendue , qu'elles

n'ai pas imitée. L'auteur es donc lié par le seule titre. (17 f.)

L'âge amortie les passions et les forcent à s'éteindre. (2 f.)

Nous aimons mieux nous exposers au blâme que de nous contraindres. (3 f.)

Les vœux que la crainte arrachent à l'homme , s'évanouisses avec le danger. (2 f.)

La lumière nous arrivent du soleil en huit minute environ. (2 f.)

L'alouette es le musicien des champs ; son jolie ramage es l'hymne de l'allégresse qui devancent le printemps et accompagnent les premiers sourire de l'aurore. On l'entends dès les premiers beaux jours qui frappes l'oreille du cultivateur vigilant. Le chant matinale de l'alouette étaient chez les Grecs, le signal auxquels les moissonneurs commencez leur travaux , et il les suspendait durant la portion de la journée où les feus du midi d'été , impose silence à l'oiseau. (18 f.)

SIXIÈME EXERCICE.

Quel peine ne ressentent pas antérieurement celui que sa conscience accusent. (3 f.)

La route qu'à suivie mes frères étaient peu sûr. (3 f.)

Je te rend le respect que je doit à mon père , rend lui en d'aussi grand que les mien , et tu reconnaîtra bientôt qu'ils t'aimes autant que moi. (8 f.)

Je te gete les pierres que tu me jettais, j'ai getté selles que tu getta. (5 f.)

Tu projète ce que mon ami projete ; ils a projetté se que tu projettra. (6 f.)

Ne jugons promptement de personne , ni en bien ni en mal. (1 f.)

Les juges qui jugaient la semaine dernière , sont ceux qui juges aujourd'hui. (2 f.)

La mort séparent les hommes et les rejoins. (2 f.)

Le crime ce décèle presque toujours. (2 f.)

Saint Louis rejettait les conseils de la politique , quand il n'était pas d'accord avec la vertu. (3 f.)

Environné d'une foule de préjugés, nous envisagons rarement les chose sous leurs véritable point de vue. (4 f.)

SEPTIÈME EXERCICE.

Je crain Dieu, dis un homme de bien, et après Dieu , je ne craint que celui qui ne le crains pas. (4 f.)

Le vice empoisonnent les plaisirs , la passion les frelattent , la modération les éguisent , l'innocence les épures , la bienfaisance les multiplient , l'amitié les perpétus. (6 f.)

Tu perd tes biens comme mon fils per-

daient les siennes, il les perdaient dans la
même société que selle que tu fréquente.
(6 f.)

Je suspend ma colère, suspend la tien,
et nous cesseront de nous faire mal. (4 f.)

Je répond au questions savante que tu
me fait, je croit les avoir résolues. (5 f.)

Cet auteur estimaient ses ouvrages très-
chères, ils les vendaient de même. (4 f.)

S'ils faut s'en rapporté au tradictions
ancienne, les premiers habitant de la
Grèce n'avait pour demeure que des antre
profond, et n'en sortait que pour disputé
au animaux des aliments grossier et quelquefois nuisible. Réuni dans la suite sous
des chefs audacieux, il augmentèr leur
lumières, leur besoins et leur maux. Le
sentiment de leurs faiblesse les avaient
rendus malheureux; il le devinre par le
sentiment de leur forces. La guerre commen-
çat; de grande passions c'allumère; les suites
en fure effroyable. Il fallaient des torrents
de sang pour s'assurer la possession d'un
pays. Les vainqueurs dévorait les vaincus;
la mort étaient sur tous les têtes, et la
vengeance dans tout les cœurs. (35 f.)

HUITIÈME EXERCICE.

Celui qui bégais ne parlent pas de suite,
il c'arrêtent surtout aux articulations guttu-
ralles, coupes et remâchent les mots ou
les syllables, dénaturent certaine lettres

et travail à retrouvé la parole qu'il avaient
perdue , il répele souvent les labiale b ,
bé, il restra la bouche béant ; il lutra
contre l'obstacle que la lettre g, ou toute
autres gutturale lui présentent, et son
hésitation seras principalement marqué
par éé , ayé. (21 f.)

Castor et Pollux était deux frères ju-
meaus. On saient peu de chose de ses deux
frères , fils de Jupiter et de Léda. Il ne
sont célèbre que par leurs intime amitié
et par leur exploits sur mer contre les
pirates. On les honoraient comme dieux
marin : cependant il fures mis parmi les
constellations; on les appellent les gémeaux.
(13 f.)

En mille sept cents soixante - quinze ,
Louis XVI fondat ou protégat la fonda-
tion de divert établissement , en faveur
des malades et des indigents ; instituas
la Société royal de médecine , et améliorat
le régime des prisons. Il abolis la coutume
barbare de la question préparatoire , et
détruisis les restes de servitude dans ces
domaines. (11 f.)

Un bouffon , coupables envers son souverain , fus condamné à mort. Ils se
prosternes au genou du Prince , et lui
demandes sa grâce quoiqu'ils ne la mérite
pas. La seul grâce que je puisses te faire ,
lui répondis le monarque, c'es de te laisser

le choix de ton supplice. Choisit de quelle genre de mort tu veut mourir. *De vieillesse,* répondis le bouffon. (16 f.)

On ne saurais trop répétter se mot de Bayard, à un gentilhomme qui lui demandais quelles biens l'homme nobles devais laissé à ces enfants. *Ceux qui ne craigne ni la pluie, ni la tempête, ni la force de l'homme, ni la justice humaines, répondis Bayard,* la sagesse et la vertu. (12 f.)

Les femmes que tu a frappées te demandes une indemnité. (2 f.)

NEUVIÈME EXERCICE.

Scipion, l'Africain, sauvant son père.

La piété filial, se beau sentiment des ames bien né, inspirat plus d'une fois de faible enfants, et leurs prêtat la vigueur des hommes fait, à la vue des dangers qui menaçait un père ou une mère chéri.

Scipion, qui, après la conquête de l'Afrique, acquis le glorieus surnom d'Africain, es un exemple célèbres de ce que l'on désire. Son père combattais contre le fameus Annibal, auprès du Tésin, fleuve d'Italie. Les troupes romaines plièrcs, et le consul, qui les commandaient, fus grièvement blessé. Le jeune Scipion fus informé à temps du péril qui menaçaient l'auteur de ces jours ; il accoure, et quoiqu'il fût encore bien éloigné d'avoir la force d'un homme, il font comme un

lion sur les Carthaginois ; ils renverses tout
ce qui s'opposent à son passage. Il arrivent
enfin auprès de son père , étendus et bai-
gnés dans son sang ; ils le couvrent d'une
main avec son bouclier , et de l'autres il
écartes à grand coups d'épée les assaillants
acharné. Malgré la faiblesse de son âge ,
ce valeureux enfant sauvat son père.

Si les homme agissait avec justice , ils
n'y aurait rien à faire pour les juges.

C'étaient avec raison que j'appréhendez
les maux que pouvaient attirer sur moi
ma mauvaise conduite.

Je met ma confiance en Dieu comme tu
y met la tien.

Mon fils ; si tu remus les différentes
affaires que conduisaient cette avocat , ils
te chercheras de mauvaise chicanes.

Le crime se mets quelquefois à l'abri du
châtiment , mais jamais ils n'échappent
au remord.

Personne ne veux descendre au fonds
de soi-mêmes , et toujours nous exami-
nont la besace qui pens sur le dos de celui
qui nous précèdent.

Les livres que tu lit , je les lisaient lorsque j'était au écoles.

Je relis les gerbes de blé que tu lis , car ,
elle se serait déliées si je ne les avaient
reliées.

DIXIÈME EXERCICE.

La plupart des membres de l'assemblée

législatif avait été choisis parmi ceux des
sociétés populaire qui s'était établies dans
un grand nombre de département , et dont
la plus puissante été celles des Jacobins de
Paris , ainsi nommé d'un couvent de reli-
gieux où il tenaient leurs séances. C'étaient
du sein de cet société que partait tout les
factieux qui allait porté le trouble dans les
provinces , tout les complots contre le
Roi et sa Famille , toute les calomnies
contre leur plus zélés serviteurs. Toute les
autres sociétés qui s'y rattachent comme à
leur centre commun , était à la fois les
exécutrices de ces ordres , et les instru-
ments de ces desseins criminelles , comme
elle s'était rendue , pour ainsi dire , maî-
tresses des délibérations de l'assemblée
législatif , on peut dire qu'elle seul gouver-
nez alors la France. Pouvoir monstrueu
qui ne tardat pas à accabler se royaume
de la plus insuportable et de la plus
affreuse tyrannie !

Jeunes Princes , nous vous avions donné
de bon conseil , mais vous ne les avaient
pas suivis.

Aristide été un citoyen dont la justice et
la douceur était admirées de tout le monde ;
cependant ils fus condamné à l'exile par
ces compatriotes , qui ne pouvez souffrir
qu'ils exista un homme plus justes qu'eux.

J'apprend à l'instant que tu diminus tes
marchandises , cependant , tu m'a dit

qu'elle te coutaient fort chères. On les
paient maintenant encore plus chères,
parcequ'on les trouvent difficilement. Je
ne diminurait pas les miens, cependan, je
peut les vendres à meilleure compte que
toi ; tu en connait la raison. Je te conseils
donc de suivre le cours, et en suivant ce
conseil, tu t'en trouvera bien.

Dous espoir, qui nourissé mon cœur
et m'abusat si long-temps, te voilà donc
étein pour toujours !

ONZIÈME EXERCICE.

Les ancien habitants de l'Attique voyait
renaître tous les ans les fruits sauvages du
chêne, et ce reposait sur la nature, d'une
reproduction qui assuraient leurs subsis-
tance. Cécrops leurs présentat une nourriture plus douce, et leurs appris à la perpétué. Différentes espèce de grain fures
confiés à la terre ; l'olivier fus transporter
de l'Egypte dans l'Attique ; des arbres,
auparavant inconnu, étendir sur de riche
moisson leur branches charger de fruit.
L'habitant de l'Attique, entraînés par
l'exemple des Egyptiens experts dans l'agri-
culture, redoublaient ces efforts et s'en-
durcissaient à la fatigue ; mais ils n'était
pas encore remué par des intérêts assez
puissants pour adoucir ces peines et l'animé
dans ces travaux.

Les malheureux croit facilement se qu'il

souhaite avec ardeur ; quand à se qu'ils redoutes, ils n'imagine pas que rien puissent les en garantir.

Je projete le voyage que tu projettais , que plusieurs de mes amis projetais. Je l'avait déjà projeté le mois dernier.

Je recachete les lettres que tu a cachetées. Je recacheterai celle que tu écrira demain.

Accoutumé au douceurs et à la servitude de la société , sous le règne de Cecrops , les habitants de l'Attique étudiait leur devoirs dans leur besoin , et les mœurs se formait d'après les exemples.

Providence éternel , qui fait ramper l'insecte et rouler les cieux , tu veille sur la moindre de tes œuvres ! tu me rappele le bien que tu me fait ! daignes accepter d'un cœur épurés par tes soin l'hommage que toi seul rend dignes de t'êtres offert !

Tu diminus en bien, tu les consomment en mauvais usage ; tu n'ignore cependant pas que les bien prodiguer ne se retrouve plus.

Je distribus à ses enfants les fruits que récolte mes frères. Tu distribus ceux que récolte tes parents.

Met ton amitié en moi et tu trouvras qu'elles y es bien placée.

Les peines qui te sont survenus ne te serais pas arrivés si tu eusse fait attention à tes affaires.

· DOUZIÈME EXERCICE.

Si Cécrops avaient été l'auteur de ses mémorable institutions, et de tant d'autre qu'ils employat pour éclairer les Athéniens, ils aurait été le premier des législateur et le plus grands des mortels ; mais elles était l'ouvrage de tout une nation attentif à les perfectionner pendant une longue suite de siècle. Il les avaient apportées d'Égypte, et l'effet qu'elle produisirent fus si prompt, que l'Attique se trouvat bientôt peuplée de vingt milles habitants, qui fures divisés en quatre tribus.

La lecture est la nourriture de l'âme. Louis XIV demandat un jour aux duc de Vivonne, à quoi pouvait lui servir toutes ses lectures. Sire, répondit le seigneur, qui avaient de belle couleur et de l'embonpoint, les livres fond à mon esprit se que vos perdrix fonds à mes joues.

Les bons livres nous fond part des lumières de ceux que la distance des lieues nous empêchent de voir et de consulter. Il nous rendent présent les plus grand hommes de l'antiquité, qui, dans leur ouvrages immortelle, semble converser avec nous et nous instruires. Ils procures milles connaissances utile ou agréable, et nous serve comme de flambeau pour nous conduires dans le cours de la vie. Mais pour recueillir plus surément ses fruits précieux, lisais avec choix ; la vie est trop

3

court pour lire toutes sortes de livres. Ils
y en a d'ailleurs de si dangereux , de si
obscène , de si impie , surtout dans se
siècle , qu'ils y a beaucoup à craindre pour
celui qui lis au hasard. Le serpent cachés
sous les fleur n'ai pas plus à craindre que
les mauvais livre. Un jeune homme qui
avais de la religion , ayant un jours trouvé
un livre obscènes , n'en eut pas plutôt lu
quelque lignes , qu'il le jettât au feu , et
courus ce laver les mains , tant il étais
persuadés qu'il n'y a rien de plus funeste
et de plus pernicieux que les mauvais
livre.

TREIZIÈME EXERCICE.

Tu cherche de l'ouvrage, et tu désire de
n'en point trouver.

Je les menaces de les poursuivre , et je
n'en est pas l'intention.

Les poires que ton frère avaient volées ,
provenait de mon jardin ; il les avaient
cueillies sans que je m'en apperçusses.

Je l'ai préservé des maux qui le menaçaient et qui semblait être réservé à ces
jours.

Mon fils , court chez ta mère , dit lui
que je vient d'arriver , et apprend lui que
je me porte bien.

Veut-on savoir se que deviens l'homme
qui abandonnes son Dieu et que Dieu
abandonnes ; qu'on jete les yeux sur se
passage de l'écriture , où l'éternel fais dis-

paraître par une ruine subit l'impie qui
un moment auparavant, semblables au
cèdre, portaient sa tête orgueilleuse jusques dans les nues. Racine as traduit se
passage d'une manière admirables :

J'ai vu l'impie adoiés sur la terre ;
Pareils au cèdre, il cachaient dans les cieux
Son front audacieux ;
Il semblaient a son gié gouverné le tonnoire,
Foulé au pieds les ennemis vaincus :
Je n'ai fais que passei, ils n'étaient déjà plus.

Télémaque impatiens, ce dérobat à la
multitude qui l'environnaient, ils courut
à la porte par où Mentor était sorti, il la fis
ouvrir. Idommenée qui le croyais à ses
côtés, s'étonnat de le voir qui couraient
au milieu de la campagne.

Tu m'a déjà dis ce que tu dit, je crains
que tes dirès ne soit faux.

Ma mère reçue l'an dernier une lettre
qui l'invitaient de se rendre à Paris, elle
la lue et elle s'étonnat du style qu'elles y
trouvat.

QUATORZIÈME EXERCICE.

Gardés a vu avec la Reine, Marie-Antoi-
nette son épouse, sa sœur, Madame Eli-
sabeth, sa fille, Madame Royal, et le
Dauphin, son fils, Louis XVI opposais
au outrages dont on l'accablaient, la
plus héroïque résignation. Forcés d'être
lui-même l'instituteur de son fils, ils lui
inspirais les qualités qui fond les bons

rois , en même temps qu'il ornais son esprit de ses connaissances qui donne de l'éclat au rang suprême , comme elle distingue les individus placé dans les conditions inférieurs de la société.

Le fils d'un riches négociant de Londres , s'étaient livré dans sa jeunesse à tout les excès ; ils irritat son père dont il méprisat les avis. Le vieillards , près de finir sa carrière , fais un acte par lequelle ils déshéritent son jeune fils , et meurs. Dorval, instruis de la mort de son père , fais de sérieuse réflexions , rentrent en lui-même et pleurs ses égarements passé. Il apprends bientôt qu'ils est déshérités ; cet nouvelle n'arrachent de sa bouche aucun murmure injurieux à la mémoire de son père ; Il la respectent jusques dans l'acte le plus désavantageux à ces intérêt , ils dis seulement ses mots ; *je l'est mérité.* Cet modération parvins au oreilles de Genneval , son frère , qui , charmés de voir ce changement de mœurs dans Dorval, vas le trouver, l'embrassent et lui adressent ses paroles à jamais mémorable : *mon frères , par un testament , notre père commun m'a institué sont légataire universelle , mais ils n'a voulu exclur que l'homme que vous etiez alors , et non celui que vous ête aujourd'hui : je vous rend la part qui vous est due.*

Part pour Paris et revient de suite. Ta sœur te disais qu'elle aimais la ville de

Rouen, et qu'elles serais content d'en faire le voyage ; tu le lui a accordé: comme j'en revenez, je les aient rencontrés avec votre valet de chambre qui y allait.

Je rompe l'amitié que j'avait avec toi, parce que tu nis toujours la vérité, tu en est l'ennemi. Tu t'en repentira.

QUINZIÈME EXERCICE.

David se regardant comme la cause des maux que souffraient son peuple, jetta vers Dieu des soupirs ardent : *c'est moi*, qui est péché, c'est moi qui as commis un injustice.

Les chûte des saint doive nous faires trembler, nous qui sont beaucoup plus faible qu'eus.

Songé à vous rendres heureux dans votre état : mettais tout à profit, milles bien vous échappe, faute d'application : nous ne somme heureux que par l'attention et que par comparaison.

Je me rappele qu'une fois tu m'a appellé pour une affaire imprévu, t'en rappeles tu ? moi je m'en rappelerai toujours.

A peine y fut-ils assis, qu'il voulus mettre des bornes à son autorité, et donner au gouvernement une forme plus stables et plus régulier. Les douzes villes de l'Attique, fondés par Cécrops, était devenus

autant de république , qui toute avait des
magistrat particulier et des chef presque
indépendants : leur intérêts ce croisait
sans cesse et produisez entre-elle des
guerres fréquentes. Si des péril pressants
les obligaient quelquefois de recourir à la
protection du souverain , le calme qui
succédais à l'orage , réveillez bientôt les
anciens jalousies ; l'autorité royal flottant
entre le despotisme et l'avilissement , inspirais la terreur ou le mépris, et le peuple,
par le vice d'une constitution dont la
nature n'étaient exactement connu ni du
Prince ni des sujets , n'avaient aucun
moyen pour se défendre contre l'extrême
servitude , ou contre l'extrême liberté.

SEIZIÈME EXERCICE.

Eh bien , si je ne peut contempler le
Créateur , j'essairai de le connaître par ses
œuvres. Je m'élèverez à la cime des mont
pour y étudier la source des fleuves ; je
verai les orages ce former , et la foudre
grondra sous mes pied ; entr'ouvant le
sein de la terre , je vous montrerez les cris-
tals , l'or , le diamant , caché sous la verdure , comme pour laisser la place aux
véritable richesse ; je demandrai aux aby-
mes la cause de ses feus qui donne des
spectacles si effrayant et si magnifique ; et
remontant enfin à la surface du globe ,
j'essairai de deviner comment du sein de

la poussière arrid , on voient éclorent , les lois , les fleurs , les moissons.

Tu paye les ouvriers quatre - vingts-quinze centimes par jour , moi je ne paye les miennes que quatre-vingt.

Mes parents devait deux cent quatre-vingt francs à ton père , et toi , tu leurs en devez deux cent ; il étaient très-justes qu'ils ne payasses que les quatre-vingt francs.

Mon fils , court chez le médecin , dit lui que ta sœur est malade d'une chûte qu'elle reçue hier , revient de suite avec lui afin que je saches s'il y a du remède.

Je compte des comte et toi tu conte de l'argent pour M. le conte. L'argent que tu contera , ne vaudras pas les compte que je conterez.

DIX-SEPTIÈME EXERCICE.

Les talents de l'esprit éblouisse d'abord par l'éclat dont ils brille ; mais loin de rendre estimable ceux qui en son doués , il ne servent au contraire qu'à les désho-norés , lorsqu'ils en abuse.

Les méchant déteste ordinairement les bons ; la vertu et le mérite leurs paraisse ridicule et insupportable.

Je plois le marchandises que tu ploie , je les ployerai encore à Reims après la foire de Pâques où tu les aura déployées.

La nature est en deuil dans cette saison:
les seul arbres qui la pare alors , nous
semble triste comme elles, et cette impression qu'il ont faite en ce moment sur
nous , se renouvele toute les fois qu'ils
s'offre après à notre vue , même au milieu
des riante images du printemps.

Lorsque Adam et Ève commençait à
jouir de l'état d'innocence où Dieu les
avaient crées , le démon résolus de les
attaquer et de perdre en même temps
tous les hommes qui naiteraient deux.

La modestie consistent à ne point se pré-
valoir de ses talents et de ces vertus. Elles
relèvent le talent , le mérite , et embellie
surtout les traits de la jeunesse. Elle fais
présumé des talens vrais , des vertus
réels. Elles ramènent les hommes à l'équité,
et leurs fais oublié les disproportions que
les vertu ou le génie mettre en eux.

DIX-HUITIÈME EXERCICE.

Les ocupations utile ne ce borne pas
au soins qui donne du profit , elle com-
prennent encore tout les amusement
innocent et simple qui nourrisse le goût
de la retraite , du travail , de la modération, et conserve à celui qui s'y livres une
ame sain , un cœur libre du trouble des
passions.

Si je te donnes de l'ouvrage à mon profit , je le payerai ; je dois espérer que tu te

donnera la peine de travailler à mon gré.
Je t'envois de quoi t'encouragé afin que tu
sois exacte. J'ose croire que tu employra
du courage. J'ignore si tu a donné à ton
père l'argent que je t'es envoyé , je crois
qué tu t'ai borné de lui en donner une
partie. Sache donc que si cela est , tu ne
t'ai pas conduit honorablement.

La pureté des mœurs ce soutiens par
elle-même. Les désirs toujours réprimé
s'accoutume à ne plus renaître , et les
passions ne se multiplis que par l'habitude de les satisfaires.

Il y a , dans les maximes de l'évangile,
une noblesse et une élévation où les cœurs
vil ne saurait atteindre.

Les aliments qui flat nt trop le goût et
qui fond manger au-delà du besoin , em-
poisonne au lieu de nourrir.

La bienfaisance ce pratiquent en aidant
de ses biens et de ces conseils ceux qui en
on besoin. On peut encore regarder comme
bienfaisant ceux qui serve utilement leur
patrie par leurs courage , leur vertus ,
leur talents, leurs lumière et leurs travail.

Quoique cette arbre (le cyprès) ai de
très-petite feuilles, les rayons du soleil
pénètre difficilement à travers ces rameaux
tant ils sont multiplié et rapproché. Ses
feuilles sont verdâtre , pointus, et rangés
en manière de tuile sur quatre rang , le

long des plus petit rameaux. Sur les vieux
elle se dessèche et se changes en écailles
qui se réunisse en partie à l'écorse.

DIX-NEUVIÈME EXERCICE.

Je vien tout les jours m'asseoir ici , me
dis un bon vieillard , se banc nourris ma
mélancolie , et chaque fois que je m'y
reposes , je sans mon cœur serré ! Pourquoi , lui demandai-je ! Un soupir fut sa
première réponse ; la tristesse obscurcis
ses traits , quelques sanglots lui échappère,
des mot entrecoupé sortire de sa bouche ;
ils se penchat vers moi , puis s'écriat dou-
loureusement : hélas ! je me trompent....
pourquoi tant de vain désir...... tant de
souhait inutile.. .. non , jamais , je ne
reverrez ces beaux yeux me fixé tendrement , je n'entendrez plus le son de sa
douce voix, qui connaissais si bien le chemin de mon cœur , mes oreilles ne serons
plus frappé de se mot touchant qui faisais
mon bonheur: mon père....... ; il le pro-
noncaient avec tant d'ame...... ! O mon
cher Auguste , fils respectueux et adorer,
tu n'est plus et je vie encore.... ! Cette
idée m'accablent ..... ! La vie n'es plus
pour moi qu'un fardeau , depuis l'instant
fatale qui nous a séparés pour toujours....;
il étais mon unique espoir , la seule consolation de ma vieillesse...... Ah ! mes
lar mes ne tarirons que lorsque je repo-

serait paisiblement auprès de ces reste inanimés.

Il pleurais, je le consolé de mon mieux. J'aurez donné ma vie pour lui rendre le fils qu'ils regrettait si vivement. Je mélé de douce larmes à ceux de ce malheureux père ; ils parus sensibles à l'intérêt que je prenez à sa perte. Je l'encouragez à supporter avec fermeté une si cruel séparation : résignons-nous , lui dis-je, gardon le souvenir de tous ce qui nous ai cher , mais vivons pour nos amis....

Des amis.... ! hélas ! dans ce moment où tout la nature renais, où tout les êtres ce réveilles plein de joie, je sen plus vivement que jamais , le poids de mon infortune. Je vois sans émotion le jour succéder à la nuit , le soleil dardé ses rayons bienfaisant sur les champ, couvert d'abondante moisson. En vain pour moi, la vigne courbra sous le poids de ces grappes vermeils ; en vain le coteau se parera de verdure; la coupe du bonheur s'est brisée pour moi, le plaisirs m'ai étrangers , le dégout suit partout mes pas....., j'ai perdu mon ami , mon soutien , ma plus tendre consolation.....; je ne désires plus que la mort......; tu me parle d'ami, il ne n'en restent qu'un ; tu le voie près de toi , c'est *Médor* , — Il me montrat son chien. — Il me suis partout , continuat le vieillard , il me défent et veillent pour moi. Comment ne

l'aimerais-je pas ? Ils aimait mon fils , il
le cherchent encore partout , et reviens
ensuite à moi , comme pour me le rede-
mender.

Nous quittames notre banc , et chemin
faisant , ce bon vieillard prenez plaisir à
me rapporté la moindre circonstance de
la vie de son fils ; ce récit adoucissais sa
peine.

VINGTIÈME EXERCICE.

A raconter ces maux , souvent on les sou-
lagent.

Parmi les belle actions que me racontat
ce vieillard , celle qui causat la mort de
son fils me frappat..... je me la rappelerai
tout ma vie.... je croix devoir la rapporté
ici , et vous l'offrire comme un modèle à
imité.

Un affreus incendie , me dit-il , con-
sumat une partie du village où nous rési-
dions alors. Les habitants étais pauvre.
Le feu faisaient des progrès ; ils allait
gagner la maison d'une respectable femme,
âgée de quatre-vingt ans , lorsque mon
fils , oubliant tout danger , volent à son
secours. Il la prends sur ces épaules , et
fière de se fardeau honorables , ils pour-
suis son chemin au milieu du feu et des
applaudissements de tout la foule étonné.

Le feu continuaient ces ravages ; déjà
la maison es investi, on crit : au secours ,

au secours ! C'est le cri d'une femme...!
On délibérez encore sur les moyens de la
sauvé , lorsque mon fils retourne au poste
où l'humanité l'appele , et ramène- sain
et sauf cette jeune et tendre mère , mais
celle=ci se lamentent , elles demande son
enfant.... où est-ils.....? lui demandent
Auguste.... je venez de l'endormire
quand..... où est-ils.... elle lui indiques
exactement le lieu. Cela suffit , dit-il :
alors sans balancé. Il cour et s'élancent
précipitamment au milieu des flammes.
Il attein le berceau du petit infortuné , il
le prens et le pressent tendrement contre
son cœur. Il prenaient l'escalier , mais
hélas ! il étaient réduit en cendres......
Le vent soufflent avec violence.. ... l'incendie augmentent de toutes part ; tous
les poutres s'embrase , le toit es en feu ,
et plusieurs pignons déjà au milieu des
cendres , annonces un écroulement pro-
chain.

Les larmes de la douleur succède à celle
de l'attendrissement ;.... on appele mon
fils..... ; on le cherchent....... vain
efforts.... ! Cependant ils repond..... ; il
parais à une fenêtre au milieu des flammes
et d'une épaisse fumée ; ils tien le berceau de l'enfant dans les bras....... ; on
essais...... les échelles se dresses.... le
mur d'appui s'écroulent , la foule se jete
sur les échelles , tout ai mis en œuvre ;

mon fils allé être sauver... le moment funeste s'annoncent ; le désordre affreux ; des hurlement remplisse les airs.... : on l'appele de nouveau.... ; hélas ! il ne répons plus.

Quelques-uns de ces camarades escalade au milieu d'un nuage de fumée les murs inattaqué.... ; ils lui tendent les bras , lorsque le feu gagnent toute la maison entraînent la chûte d'un plancher sur lequelle il étais.... ; tous les secours sont inutile , on ne peut l'arraché à la mort cruel qui l'attent.... On se pressent autour de moi, on plein mon sort , tandis que la jeune femme tombent évanoui dans les bras de son père qui font en larme... Ce tableau terrible es encore devant mes yeux ! je ne puit y songé sans versé des larmes.

CHAPITRE V.

——❧❀◉❀❧——

SUR LE PARTICIPE PRÉSENT
et SUR L'ADJECTIF VERBAL.

———

EXERCICE PREMIER. (1)

Nous avons vu au Musée des portraits parlant.

Les nacelles furent entrainés par les vagues écumantes.

Qu'il est agréable de se désaltéré dans un cau courant.

Les eaux courant vers la mer vont s'y perdre.

Les eaux courant sont bien plus saines.

> Les spectateurs, en foule se pressants,
> Faisait un cercle autour des combattants.....
> Les astres attacher de leurs axes brûlants,
> Du sommet de l'Ether, l'un sur l'autre roulants.....
> L'arbre de ces vergers dont les rameaux feconds
> Courbent leur fruits pendants sous l'ombre des
> gazons.....

Ces enfants étaient tous les jours bien mangants et bien buvants.

Ces hommes confesse avoir fait une

———

(1) On trouvera quelque fois les participes bien écrits ; je l'ai fait à dessein de tromper les élèves. MM. les instituteurs devront les en prévenir ; de cette manière ils seront obligés de chercher la règle du participe dont ils douteront.

démarche tout à fait répugnante à leur
caractère.

Cet homme et cette femme sont doux
affables, obligants toute les personnes qui
réclame leur secours.

Les soldats prévoyants les dangers qui
les menaçait, se mirent sur leurs garde.

Les enfants parlant continuellement ne
peuve guère faire autrement que de dire
des sottises.

On entend tout-à-coup un bruit effroyable de chariot, de cris d'homme, les
uns vainqueur et animer au carnage, les
autres ou fuyants, ou mourants ou blessés.

On a représenté ce soir une pièce fort
intéressente, que j'ai voulu voir jusqu'à
la fin.

Ce sont des juges intègres, vertueux,
discret, gémissants de trouver un coupable, et ne le condamnants qu'après
l'avoir convaincu.

DEUXIÈME EXERCICE.

Les hommes sage pensants sans cesse
au bien, ne sont point tourmenter des soins
inquiétant de l'avenir.

La société de ces vieillards pensant et
réfléchis, est préférables à celles de vos
jeunes amis qui, remuant, étourdi et
inconsidérer, et agissants toujours sans
réfléxion ne garde aucune mesure dans
leurs conduite.

Plus loin mille guerriers se heurtant dans les airs,
De leurs glaive d'azur fond jaillire les éclaires.
Entendais-vous le bruit de ces fameux états ,
S'écroulant l'un sur l'autre avec un long fracas.

Nos magistrats ne tolérants aucun abus, ont défendu les jeux de hasard , tandis que les vôtre , faible et tolérant à l'excès, les permettre.

Vos frères ignorant vos besoins préssants n'ont pu vous envoyer les secours que réclament votre position.

On appele lac un amas d'eau dormant.

Cette ville abonde en écrivains passionnés , forcener , quelquefois suborner , cherchants partout des victimes pour les immolés à la malignité public , supposants des crimes , exagérants les vices et faisant le plus cruelle outrage à la vertu, vomissants les mêmes injures contre le scélérat , que contre l'homme de bien.

Ces malheureux font entendr des cris déchirants.

Partout , s'offrait à nous des exemples frappants de faste et de vanité.

.... Chaque jour , de l'amore naissant,
Des bois harmonieux la voix rétentissant ,
Du printemps qui t'es cher célèbre le retour.

Là sont amoncellé dans des murs dévorant,
Les vivants sur les morts , les morts sur les mourant.

TROISIÈME EXERCICE.

Il y a , dans cette campagne , des marais croupissans qui sont très-malsains ;

car , ces marais exalant une odeur fétide , infecte tout les cantons voisin.

Les hommes prévoyant se mette sur leurs garde. Vos frères , prévoyants les dangers qui les menaçait , ne s'y sont point exposé.

Quand je suis à la campagne , je me plais à voir les troupeaux errants dans les prairies ou grimpants sur les colines. Les chiens des bergers courant çà et là , les agneaux caressants leur mère et bondissants auprès d'elle , les chants ravissant des oiseaux , la gaîté des bergers , dansant aux sons retentissant d'un chalumeau , les jeunes filles foulants le gazon d'un pied légere , tous contribut à me faire passer des moments charmant.

J'ai vu deux jeunes garçons fuyant vers la forêt à la vue d'un taureau qui , les yeux étincelants , se portaient vers eux.

Ces dames avait des cheveux flottants sur leurs épaules.

Plusieurs ne pure soutenir cette épreuve, et rougissants de leur état sans avoir la force d'en sortir , il abandonner Socrate , qui ne s'empressat pas de les rappeller.

Combien de pères , tremblants de déplaire à leurs enfants , sont faible et se croyent tendres.

L'autre jour , deux jeunes gens nageant à l'envi dans la Loire , perdire l'équilibre ; à l'instant ils pousses des cris effrayants qui atteste le danger qu'ils court ; on les voient disparaître , on les croyent perdus , lorsque des soldats passants par hasard sur le rivage entendent leur cris. Ces braves militaires s'élancants aussitôt dans la rivierre , parviennent à les ramener vivant au bord de l'eau. Les deux jeunes gens reconnaissant leur imprudence en ont gémi, et reconnaissant envers leur libérateurs , il leurs ont offert une bourse pleine d'argent que les militaires ont réfusée.

QUATRIÈME EXERCICE.

On ne voyais de tous côtés que des femmes tremblant , des vieillards courber , des petits enfants les larmes aux yeux qui se retirait dans la ville. Les bœufs mugissant et les brébis bêlant venaient en foule , quittant les gras paturages et ne pouvant trouver assez d'étables pour être mis au couvert. S'était de toute parts des bruits confus de gens qui se poussait les uns les autres qui ne pouvait s'entendre , qui prenait dans se trouble un inconnu pour leur ami , et qui courait sans savoir où tendait leur pas.

Je ne puis disposer des fonds provenant de votre bien.

On s'attendris à la vue d'une femme éplorée et tremblant.

Une personne mourant doit penser à Dieu.

Nous les vîmes pendant la nuit sortir de l'enceinte, marchants deux à deux en silence, et tenants chacun une torche allumé.

Les partisans vont rampant devant les Princes; leur femme vont rampant devant les Princesses. Les hommes rampans sont méprisables; les femmes rampantes dégrade la dignité de leurs sexe.

Le séjour des champs eut toujours pour moi des charmes; j'aime à voir les troupeaux errants en paix dans les vastes prairies, les brebis bêlant, caressant leurs tendre agneaux bondissants près d'elle; la chèvre capricieuse grimpant sur les rochers escarpé, broutante les plantes croissantes, fleurissant parmi les buissons, ou les bourgeons naissant de la ronce rampant; les lapins timides bientôt réunis en troupe, tantôt se dispersants au moindre bruit, et fuyants çà et là; les oiseaux au retour de l'aurore ravissants mes oreilles de leur doux concerts, et m'inspirant une tendre mélancolie. Innocent animaux! il n'en est point parmi vous qui, prévoyant le sort cruel que les hommes leurs prépare, soient agité des soins inquiétant de l'avenir. La sages nature vous a refusé la qualités d'êtres pensant; ne l'enviez pas: vous jouissais du présent, vous êtes heureux. Oui j'aime à voir, et ses bergers chantants, jouant

leur airs champêtre rétentissant sous la
voute résonnante d'une grotte ; et ces jeunes bergères , les bras entrelacé , dansant,
courants sur la verdure ; et cet source
cristaline filtrante à travers l'épaisseur du
roc, bientôt coulante en abondance et dé-
posant ses eaux courant et limpide dans
un basins. C'est là que les troupeaux
altéré , fuyants les rayons brulants de
l'astre du jour, trouve une liqueur rafrai-
chissant.

CINQUIÈME EXERCICE.

Voyé cet vaste nappe d'eau dormante,
quoiqu'elles n'ait aucun cours , les vents
agitant sa surface , entretienne sa pureté.
Elle est loin de ressemblé à ses marais crou-
pissant , exalant une odeur bitumineux et
fétide. Des poissons innombrable, vivants
dans son sein , sont destiné à la table du
maître. De barques , voguantes à toutes
voile , et fuyant l'ouragan dont elle sont
menacés , cherche à gagner le bord. Les
vents, souflants avec force , sifflants dans
les cordages, s'opposes à la manœuvre.
Déjà les vagues, blanchissant d'écumes ,
trace sur l'onde de large sillons. Des branches , des feuillages , emporté par un
tourbillon , tombe dans l'étang , et forme
des débris flottant sur les eaux. Les oiseaux
timide , se rassemblant en troupe et volant
d'une aile rapides ; les animaux fuyants au

hasard ; les éclaires brillantes par inter-
valle et sillonnant les flancs ténébreux du
nuage ; la foudre grondante sur nos têtes ;
la terre tremblante sous nos pieds ; une
pluie mêlé de grêle tombante par torrent ;
voilà l'image terrible, effrayant qui portent
dans mon cœur la consternation. Que vont
devenir nos marins ? hélas ! s'il l'avaient
voulu , ils auraient évité leurs sort. Une
corneille , errant à pas lent sur le gravier,
l'avaient annoncé par ces cris sinistre. A
l'instant où ils fond leurs efforts pour
baissé leur voiles, voile , mâts , cordage ,
tout est emporté. Leurs barques vacillant
ont à peine conservé l'équilibre. Les vagues
mugissant , s'élevant au-dessus de ses frêles
embarcations, vont les engloutirent. Cependant l'impétuosité du vent les poussent
vers des rochers menacantes qui fermes le
bassin. Craignant de se voir brissé , nos
jeunes nantonniers , s'élançants à la fois,
nagant avec ardeur, ont abordé sur le sable,
tout dégouttant d'eau , défaillant , presque expirant de faiblesse et de fatigue.
Les bateaux fracassé , les mâts , les voiles,
pousser par le vent, et flottants vers la rive ,
offre le tableau d'un naufrage.

CHAPITRE **VI.**

SUR L'EMPLOI DU PARTICIPE PASSÉ
CONSIDÉRÉ COMME ADJECTIF VERBAL.

EXERCICE PREMIER.

Que de rempart détruit , que de villes forcé !

Après cet cérémonie , les insignes fures levé de dessus le cercueil par legrand-maître , et remis aux grands officiers qui devait les portés.

Il y a des sottises bien habillés , comme il y a des sots bien vêtu.

Les méchants ont bien de la peine à demeurer uni.

L'épée royal et la bannière de France n'ont point été jettées dans le caveau.

Ils se fit une pause suivi d'un moment de silence.

Une musique militaire , placée dans la nef , répondaient à ces cris par des fanfares. La bannière royale fut promené dans l'église au son d'une marche triomphal et des mêmes acclamations de *vive Charles X.*

Les récompense accordés au mérite ne doive jamais être le prix de l'intrigue.

On pourrait appeler la politesse une

bonté assaisonnée, c'est la bonne grace ajouté au bon cœur.

Le corps, le plus subtile est comme un monde où des millions de partie se trouve réunis, et arrangés dans l'ordre le plus parfait.

On m'a remis décacheté les lettres de mon père.

Ton domestique m'a remis ouvert les paquets que tu m'a envoyés.

La mort n'est prématurée que pour qui meurt sans vertu.

Abandonné de toute l'univers, et n'ayant pour elles que ces actions, l'ame comparaît devant le tribunal redoutable de Dieu.

L'invention de l'imprimerie est due à Guttemberg, de Mayence.

Ce sont des Grecs et des Romains que nous sont venu les lumières.

Les lois sont faites pour le plus grand avantage de tous ; ils faut donc obéir aux lois qui ont été établies. La nation qui n'est assujettie à aucune loi est condamné à vivre très-malheureuse.

DEUXIÈME EXERCICE.

C'est à ce précepteur qu'est confié mon éducation.

C'est à Charlemagne qu'est dû la manière d'enseigner la grammaire.

Dites à Mardonius, que tant que cet astre (*le soleil*) suivras la route qui lui est

prescris, les Athéniens poursuivrons sur
le Roi de Perse , la vengeance qu'exige
leurs campagnes désolées et leurs temples
réduit en cendres.

Ma sœur me disait : mon affliction ne sera
consolée que lorsque je serai descendu
dans le tombeau.

C'est dans ce tribunal que seront condamné les coupables.

Ces troupes, bientôt augmenté de cinq
milles Lacédémoniens, s'étant joint avec
celle des villes confédérées, partire d'Éleu-
sis , et se rendire en Béotie , où Mardonius venez de ramené son armée.

C'est là que serons entendu et compris
les moindres pensées.

Les Persés étaient honnêtes , civil , libé-
raux envers les étrangés , et il savait s'en
servir. Les gens de mérite était connus
parmi eux , ils n'épargnait rien pour les
gagner. Il est vrai qu'ils ne son pas arriver
à la connaissance parfaite de la sagesse ,
leur provinces furent toujours régi avec
confusion , cependant il regardaient les
faiblesses comme de vrais folies.

La justice et l'humanité dont nous faisons tant de cas , ont toujours été honoré
par les nations les moins polie.

Les plus grandes faute ont été commis
par les plus grands hommes ; il semble
qu'elles ait été marqué au coin de leurs
genie.

4

Lacédémone qui vous fait ses représentations par notre bouche , est touché du funeste état où vous réduise vos maisons détruites et vos campagnes ravagés.

Eginhard rapporte que Charlemagne fut enseveli avec tout les attributs de la puissance royale. On le plaçat dans une chaise dorée , la couronne était mis sur sa tête , il étaient revêtus des ornements impériaux. Il tenait dans ses mains le livre des évangiles écrits en lettres d'or , sa fameuse épée *(joyeuse)* était ceint autour de son corps ; son sceptre et son écu, qui avait été consacré par le Pape Léon III , était posé devant lui.

La saison est devenue moins froide ; c'est pourquoi les hirondelles , avant-coureurs du printemps , son revenu dans nos régions, qui naguère , leurs paraissait glacées et insuportable.

TROISIÈME EXERCICE.

Moins contrarié dans leurs mouvements, les enfants pleurerons moins ; moins importuné de leur pleurs , nous nous tourmenterons moins pour les faires taires ; menacé ou flatté moins souvent , il serons moins craintif ou moins opiniatre , et restrons dans leur état naturelle.

C'est dans ce pays qu'était présenté les

passions des hommes sous une forme hideuse ; là était peint les défauts des grands.

I a France est gouvernée par un Roi justes et bienfaisant ; elle a été pendant long-temps troublé par des factions , et déchirée par des guerre intestine entretenues par l'intérêt et l'ambition ; quélques grands ont été signalés comme des conspirateurs , plusieurs ont été reconnu coupable et puni de mort.

Sa tête est appuyée sur ses manis ; ses regards sont attaché à la terre.

La tête étaient couverte d'un bonnet de velours cramoisi , rélevé par un diadême enrichis. Les mains était croisé sur la poitrine. Au deux côtés du chevet, on voyaient des oreillers de velours rouges , brodé en or , sur lesquelles était placé , à droite un sceptre , et à gauche , une main de justices.

Aux branches du palmier sont suspendu des trophées et des armes ; au tronc sont attaché sa cuirasse et son armure.

Cette ville fut frappée d'effroi en voyant l'ennemi sous ses murs , avant d'être préparé à le repousser.

QUATRIÈME EXERCICE.

Quand il vis l'urne où était renfermé

les cendres si cher de son frère Hippias ,
il versa un torrent de l'armes.

Cette tendre mère est partie pour aller
rejoindre ses enfants.

Que sont devenu ces malheureux qu'on
avait entassés dans nos prisons ? Ils sont
péris !

Aux murs sont suspendu des chaînes,
que dans une de leurs ancienne expédition,
les Lacédémoniens avait destinés aux Té-
géates , et dont ils furent chargées eux-
même.

Forcé de quitter les marais et les rivière
gelé, les Hérons se tienne sur les ruisseaux
et près des sources chaude.

Les hommes passes comme les fleurs
qui, épanoui le matin , le soir sont flé-
tries et foulés au pieds.

Lorsque l'ame est agitée, la face humaine
devient un tableau vivant où les passions
sont rendu avec autant de délicatesse que
d'énergie ; où tous les mouvements de
l'âme sont exprimer par un trait , et où
chaque action est désignée par un caractère, dont l'impression vif et profonde
devance la volonté et nous décèlent.

Né le plus souvent dans l'orgueil et dans
l'amour de la gloire , les vertus humaines,
y trouvent un monument après leur tombeau ; formé par les regards publics , elles
vont s'éteindre le lendemain comme ses
feux passager dans le secret et dans les

ténèbres ; appuyé sur les circonstances , sur les occasions , sur les jugements des hommes , elle tombent sans cesse avec ses appuis fragiles.

CHAPITRE VII.

EXERCICES SUR LE PARTICIPE PASSÉ,

ACCOMPAGNÉ DE L'AUXILIAIRE AVOIR. (1)

EXERCICE PREMIER.

Les personne qui ont fondés cet maison hospitalière , ont rendu un grand service à l'humanité.

Les peuple même que l'on a regardé comme sauvage , ont admiré et estimés les hommes justes, tempérant et désintéresser.

Tous les hommes qui ont contemplés la marche des astres , ont reconnus intérieurement l'existence d'une puissance supérieur qui a créé l'univers.

Les revenus de l'état ont montés jusqu'à la somme de quatre cent millions quatre cents milles francs.

Il y a long-temps , Monsieur , que je

---

(1) Comme je l'ai dit au chapitre du participe présent , les élèves trouveront des participes bien écrits ; ainsi , ils doivent se tenir sur leur garde et s'en appliquer les règles. On trouvera aussi beaucoup de fautes dans les verbes.

joui de la sincérité et de la constance de votre amitié. Sur cela, les années finissent comme elles ont commencé ; et commence comme elle ont fini.

Le premier degré du pardon est de ne pas parler de l'injure qu'on a reçu.

Les dames qui ont dansés au bal de la ville ont charmé tous les spectateurs ; elles ont enlevées tous les suffrages, et ont obtenues des applaudissements bien mérité.

Plusieurs des altérations que notre globe a souffert, ont été produit par le mouvement des eaux.

Le vainqueur a marquer son passage par la ruine et la désolation. Les vaincus ont fuis devant lui : il les a poursuivis le fer et la flamme à la main,

Toute les dignités que tu m'a demandés,
Je te les es sur l'heure, et sans peine accorder.

Pour ceux-ci, ils ont régnés avec justice et ont aimer leur peuples.

Pourrais-je oublier jamais la confiance et l'amitié que vous m'avez témoignés ?

Quelques honte que nous ayons mérités, il est presque toujours en notre pouvoir de rétablir notre réputation.

Les autres nations ont applaudies aux décrets foudroyant que nous avons portés contre ceux qui ont trahis la patrie.

Ton triomphe est parfait, tout tes coups ont portés,

DEUXIÈME EXERCICE.

Les soldats qui ont soufferts les injures de la populace qui a troublée l'ordre publique, ont enfreint leur consigne, et ont mérités d'être puni; ceux qui ont frappés les femmes qui ont voulu entrer dans les Tuileries, ont reconnus leur tort et ont demandés pardon.

Les étrangers rougisse encore des victoires que nous avons remportés sur eux.

La maison de campagne que nous avons achetés, est à cinq lieues et demi de la capitale.

J'admirais les coups de la fortune qui relève tout-à-coup ceux qu'elles a le plus abaissés.

Quelques petits que fussent ces objets, ils était digne de mon attention, puisqu'ils avait mérités celles de la nature.

Tous les animaux et tous les végétaux qui ont existé, depuis la création du monde, ont tiré successivement de la surface du globe terrestre, la matière de leur corps, et lui ont rendus à la mort ce qu'ils en avait empruntées.

Les homme qui ont le plus vécus ne sont pas ceux qui ont compté le plus d'années, mais ceux qui ont le mieux usés de celles que le Ciel leur a départi.

Je considère quelle a rachetée ces péchés par les aumônes qu'elles a répandues secrètement dans le sein des pauvres, et

qu'elles les a expiée par une longue péni-
tence qu'elles à soutenu avec beaucoup de
force.

Quand nous avons entendus les cris qui
partait de la forêt, nous avons quitté la
grande route et nous avons regagnés notre
demeure par un chemin détourné; nous
avons vu plusieurs femmes qui s'enfuyait
à notre approche; elles ont crues, sans
doute, que nous étions des voleurs; nous
avons reconnu parmi elle la femme de
notre jardinier.

Superbes montagnes, qui vous a établi
sur vos fondements ? qui a élevé vos têtes
jusqu'au-dessus des nues? qui vous a orné
de forêts verdoyante, de ces arbres fruitiers,
de ces plantes si utiles et si variées, de tant
de fleurs agréables ?

Les serins que vous avez écoutés chanter,
ont un gosier charmant; je les aient acheter au marché; on me les as vendu six
francs que je n'est pas encore payer.

TROISIÈME EXERCICE.

Les fables que mon oncle a lu à l'Athe-
née, lui ont obtenues les applaudissements
de tout les hommes éclairer.

Les jeunes gens doivent faire en sorte
que les études qu'il ont fait, et les instruc-
tions qu'ils ont reçues, se répandent sur
leur mœurs.

Les bienfaits que nous avons reçu de

quelqu'un, veulent que nous excusions les mauvais procédés qu'il a eus quelquefois à notre égard.

Quand un ami nous a trompé, on ne dois que de l'indifférence au marques extérieur de son amitié; mais on doit toujours être sensibles au maux qu'il éprouvent ou qu'il a éprouver.

Vos cousines avait retenues deux places dans la diligence; mais elles avait oubliées de donné des arrhes; aussi, comme à l'heure du départ de la voiture, elle ont tardé à venir, deux officiers ont profités de leurs oubli; ils ont payé les places, et vos cousines ont vainement réclamées leur droits; on n'a point écouté leurs réclamation; elle ont porté plainte au administrateurs qui ne leurs ont pas même répondus.

Tel fut la reine dans tout le cours de sa vie. Dieu l'a élevé sur le trône, afin qu'elles honora la religion, et l'unit au plus grand roi du monde, afin que sa vie fus plus regardé. Elle suivie sa vocation: jamais vie ne s'est montrée plus régulière et n'a été plus approuver. Est-il échappés quelques indiscrétion à sa jeunesse? sa beauté n'a-t-elle pas été sous la garde de la plus scrupuleuse vertu? a-t-elles aimée qu'on la loua contre la vérité, ou qu'on la divertie aux dépens de la charité chrétienne? A quelle espèce de ses dévoirs publiques ou particulier de religion ou domestiques a-t-elle manquée?

4*

QUATRIÈME EXERCICE.

Votre mère m'a communiquée la lettre que votre oncle lui a adressé ; il parait qu'il l'a écrit dans un moment d'humeur. Il prétends que votre mère l'a offensée ; il lui reproche les services qu'il lui a rendus, ils lui redemandent avec une dureté dont je ne l'aurez jamais cru capable, les milles écus qu'il lui as prêté et qu'il avait offerts de laissé à sa disposition pendant deux ans. Votre mère a vainement chercher dans sa conduite la cause de cet humeur ; elle n'a rien vue qui pu la motiver. Les services qu'elle a reçue de votre oncle l'ont pénétrés de reconnaissance et quoiqu'elle n'en n'ait pas réçu autant qu'elle le dit ; elle lui en a souvent témoigné ses gratitude. La peine qu'elle a ressenti à la lecture de cette lettre est inexprimable ; que de larmes elle a versé ! Certainement elle n'a pas méritée les reproches amer que son frère lui a fait ; elle a toujours tenu envers lui une conduite irréprochable ; elle m'a consultée sur la réponse qu'elle doit faire à cette lettre ; je lui ai conseillé de ne pas y répondre ; votre oncle probablement reconnaîtrat les torts qu'il a eu, et quand il les auras senti ; il s'empresseras de prié sa sœur de lui pardonner l'humeur qu'il lui a montré injustement. Votre mère a suivi mon conseil, et ses amis l'en ont applaudis.

Chérissez vos parens qui vous ont prodigués milles bienfaits; mais aimé votre patrie que les bons citoyens ont toujours servi.

La musique que j'ai entendue ce matin a fait plaisir à tout le monde; chacun a gouter les morceaux qu'on a chanter.

Les obligations que s'est imposés votre mère ne sont pas difficile à remplir; je les aies moi-même contractées, et je les remplies tous les jours.

CINQUIÈME EXERCICE.

On dit que César-Auguste oubliez facilement les injures qu'il avais reçu de ces ennemis; qui de nous ne doit pas imiter la conduite de cette empereur?

Pourquoi ignorez-vous, mes amis, les règles grammaticales qu'on vous a enseignées si souvent? c'est que vous ne les avaient jamais compris.

Que de gens ne savent pas oublier les torts qu'on a eu envers eux, ni pardonner les offenses qu'ils ont reçus.

Aux préparatifs énorme qu'avais fait Darius, on ajoutat encore des préparatifs plus effrayant.

Parmi les animaux et les végétaux qui ont été enseveli dans des sucs pierreux, il en est qui n'on l'aissés qu'une image d'eux-même. Couvert de toutes part d'une argile mole, il s'y sont corrompu et dissous, tandis que l'argile s'est endurcie, pétrifié, formant une cavité qui représentent distinctement les corps qui y était renfermer.

Les embûches qu'ont découvert nos soldats était périlleuses.

Mes jardins sont grand, je les aient fait garnir de fleurs aussitôt que je les ais eu acheter.

Vous même , consultez vos premières années ;
Claudius à son fils les avaient destinés.

Et mon obéissance a passé les limites
Qu'a se devoir sacré , la nature a prescrit.

Nous avons rencontrés des hommes qui parlait très-haut.

Nous n'avons pas encore terminé la grande affaire que j'ai entrepris.

Grâce à la fermeté qu'a montrée le capitaine-pacha , les troubles de l'Égyte sont cessés , et les beys , malgré les intrigues dont on les as entouré , on promi de ne s'écarté en rien des promesses qu'ils on envoyées à Constantinople.

Comment d'écrire les funestes ravages qu'un seul instant à accumulé sur l'infortuné ville de Leyde. — Sans parlé des orateurs célèbres que la ville d'Athène a produit que de grand hummes en tous genre elle a vus naître dans son sein !

SIXIÈME EXERCICE.

Tégée n'est qu'à cents stades environ de Mantinée : ces deux villes , rivales et ennemis par leur voisinage même , se sont plus d'une fois livré des combats sanglant, et dans les guerres qui ont divisées les

nations , elles on presque toujours sui-
vies des partis différents.

Malheureux ! tes sermens , qu'à suivis le parjure ,
On soulevés les dieux et toute la nature.

Les Thébains nous ont enlevés Orope ,
ils seront forcés de nous la rendre ; ils on
rasés Thespies et Alatée, ont les rétabliras;
ils ont construit Mégalopolis , en Arcadie,
pour arrêté les incursions des Lacédémoniens , elle sera démolit.

Ce général , dont la mémoire sera long-
temps révéré , a parcourut une carrière de
quatre-vingts-cinq ans , qu'il a consacrée
entièrement au service de sa patrie. Après
l'avoir servi de sa propre personne , il lui
a encore donner des preuves de zèle et de
dévouement par la publication de ses
écrits.

On voit des hommes aujourd'hui , tom-
bées d'une haute fortune par les même
défauts qui les y avait faits monter.

Les Romains , nés pour conquérir ,
n'ont pas avancés comme les Grecs , la
raison et l'industrie. Il on donné au monde
un grand spectacle , mais ils n'ont rien
ajouté aux connaissances et aux arts des
Grecs.

Mon père s'est rendus fameux entre tous
les rois qui ont assiégés la ville de Troie ,
mais les dieux ne lui ont pas accordés de
revoir sa patrie.

Une affaire que je viens de terminée me

mets dans la nécessité de profiter de l'offre que vous m'avez fait il y a quelque jours ; je vous pris de vouloir bien me prelter les deux milles quatre cents cinquante francs que vous m'avais proposé d'une manière si obligante.

L'histoire est une vaste mer ; l'auteur dont je parle l'a resserré dans de juste bornes : c'est une carrière tellement étendu, que les personnes qui l'on parcourue avec le plus d'attention , oublient aisément les objets infini qui les ont frappés.

SEPTIÈME EXERCICE.

Que d'illustres conquérants que personne n'a célébré ! on les as plaints de n'avoir eu ni poëtes ni historiens.

On dit que les sots peuvent bien retrouvés les expressions qui les ont frappés , mais comment retrouveront-ils les idées que leurs âme n'a point eu ?

Tous ceux qui seront appelés à louer le grand homme dont nous honorons aujourd'hui la mémoire , diront toute les vérités nouvelle qu'il a publié , les découvertes intéressantes qui lui sont du , les grands travaux qu'il a conduit à leur perfection , les méthodes admirable qu'il a trouvées , les routes qu'il a parcouru , celle qu'il a ouvert à ces successeurs , enfin tous les services qu'il a rendus à la patrie et au monde.

La plante, lorsqu'on la mis en liberté, garde l'inclination qu'on l'a forcée à prendre, mais la sève n'a point changée pour cela sa direction primitif, et, si la plante continus à végetter, le prolongement en redevient verticale.

Notre traversée fut aussi heureuse que nous l'avions présumé; et quant à la fertilité de l'île, nous ne nous sommes pas tromper dans l'espérance que nous en avions conçus.

Si vous manqué souvent aux règles grammaticales que je vous ai enseignés, c'est que vous n'avez jamais bien compris les principes que j'ai développé, et les explications que j'ai fait ici, *où nous sommes.*

Il est beau de pardonner les outrages qu'on a reçu; mais que peu de gens ne savent pas oublier les torts qu'on a eus envers eux!

Les prix et les couronne que cet enfaut a obtenus, ont flattés son amour propres; j'approuve la résolution sincère qu'il a formée de travaillé plus fortement encore pour obtenir de nouveaux triomphes.

Il est bien difficile de perdre les mauvaises habitudes qu'on a contracté dans sa jeunesse.

Lorsqu'ils eurent conclu la paix qu'ils avait tant désirés; ils firent de nouvelles conquêtes pour réparé les pertes qu'ils avez fait, eux et leurs alliés.

Les poésies qu'il a composé dans son exile, n'ont ni la grâce ni la chaleur qu'on a admirés dans ses autres ouvrages.

HUITIÈME EXERCICE.

Les écrivains se sont plu à combler Louis XIV de louanges pompeuses ; on les en as quelquefois blamé ; mais Horace et Virgile en on prodigués bien plus à Auguste, qui les avaient peut-être moins méritées que Louis-le-Grand, si l'on songe aux prescriptions commandé par l'empereur Romain.

C'est de la Grèce que la poésie a passée en Italie. Homère, le plus célèbre des poëtes que les Grecs ait eu, naquis trois cents quarante ans après la prise de Troie. Sept villes se sont disputées la gloire de lui avoir donné naissance. Les savants se sont accordé à penser que c'est à Smyrne qu'il naquis.

J'ai admiré les superbes bâtiments que j'ai vu avec mon ami ; je les ai jugé digne de l'architecte qui les a élevés.

Qu'il est doux de possédé des connaissances qui ne peuvent jamais nous être ravies, et que les sages on toujours préféré, avec raison, aux plus grand avantages.

Il en est de l'honneur comme de la neige, qui ne peut jamais réprendre son éclat ni sa pureté dès qu'elle les a perdue.

Ouvrais à cette jeunesse docile qu'on a

laissée trop long-temps sans instruction ,
ouvrez-lui , dis-je , ces sources abondante
que nous on fournie les plus grands écrivains de Rome et d'Athène.

Un ami nous a mandés depuis peu ,
que le dey d'Alger travaille sans relâche
à réparé les pertes qu'il a souffert par le
bombardement des Anglais.

On leurs avaient conseillés de présenter
une requête au juge qui les avaient con-
damner ; mais assurément on les avez mal
conseillé.

Quelle matière le siècle dernier n'au-
raient-il pas offert à la verve satiric de Boileau ! Combien de mauvais écrivains , de
viles charlatant, n'auraient-ils pas eu à
raillé , à confondre ! Combien de réputation n'auraient-ils bas renversées !

Les plantes que j'ai cultivé dans mes
jardins, font l'objet de l'admiration public;
elles ont parues très-rare à des gens qui
n'avait jamais rien vu de pareil.

NEUVIÈME EXERCICE.

Ne faites point d'amis légèrement , et
conservez ceux que vous avez fait.

Allons retrouver mes filles que j'ai
laissé dans leur appartement où elle sont
occuper à peindre ou à brodé ; je les
aient de bonne heure accoutumées au
travail ; c'est d'elle aussi que j'attend toute
ma consolation.

Crassus voyez d'un œil jaloux la gloire dont s'était couvert César et Pompée.

La fête que nous avions préparés , ne pu avoir lieu , le mauvais temps n'ayant pas permi qu'on ce rassembla dans les lieux et à l'heure que j'avais moi-même indiquée.

Voilà les vérité que j'ai cru digne d'être connues des hommes.

L'étude seule a consolé les grands hommes dans les revers et dans ⸴les dis-grâces qu'ils on essuyés.

La patrie nous cris tous les jours : ne souffré point que les écoles que j'ai fondées soit plus long-temps déserte. Que vos en-fants réponde aux grandes destinées que vos généreux efforts leurs ont préparer.

La pomme de terre et le maïs sont les plus utile présents qu'ait fait à l'Europe la découverte du nouveau monde.

Parmi les arts que le génie et la persé-vérance on crée , il en est trois surtout qui mérite votre attention , savoir : la *peinture ,* la *sculpture* et l'*architecture.*

Soyez glorieux , jeunes élèves , des pro-grès que vous avaient fait dans la musi-que , et des palmes qu'ils vous ont mérités.

N'oublis jamais les bons avis et les leçons que tu as reçues de tes maîtres ; ils te seront utile dans quelque situation , dans quelque pays que tu te trouve.

Messieurs , votre commission vous a

exposé les vues principals qui l'ont dirigée
dans le plan de l'organisation de l'instruction public.

Voyez ces lionceaux qu'une mère farou-
che a instruit au carnage ; leur crinières
ne flottent pas encore sur leur cols ; l'âge
n'a pas encore développée les forces qu'il
ont reçus en partage ; il n'a pas encore
formés en eux , les armes meurtrière que
leurs a donné la nature; qu'ils en imposent
déjà !

Les leçons que nous a donné ce maître
sont très-facile ; nous les avons appris en
une heure.

J'avais beaucoup d'affaires; quand je les
aient eu terminées , je partis.

DIXIÈME EXERCICE

Vous connaissez les dames que vous avez
vues se promené sur le mail avec mes
sœurs ; ce sont celle que vous avez entendu chantées au dernier concert ; je les
aient invités à venir passé la soirée avec
nous , elle m'on exprimées leur regrets de
ne pouvoir se rendrent à mes désirs; mais,
elle m'on fait espérées cette satisfaction
pour la semaine prochaine ; je les ai prévenues qu'elles auront l'avantage de se
trouvées avec vous ; elles m'ont témoi-
gnées que votre société leurs sera fort
agréables.

Ce général laissat échappé la victoire que

semblait lui promettre ses lauriers ,
souvent il l'avait fixer par ses manœuvres
habile , et elle lui serez sans doute restée fidèle, sans les circonstances qui ont
précédées son entreprise.

Une table que j'ai placée à la fin du
volume , indique les sujets que j'ai em-
prunter , et les sources qui me les ont
fournies.

Cet ouvrage peut-être regardée comme
un des livres les plus beaux et les utiles
qu'est produit la littérature du dix-hui-
tième siècle.

Cet écrivain a rassemblé dans un cadre
convenable toutes les notions qu'il a re-
cueilli sur les arts et sur les mœurs privés
des différent peuples. Quels obstacles le
génie de l'homme n'a-t-il pas surmontés !
Quels monuments n'a-t-il pas élever dans
le domaine des arts et dans celui de l'imagination.

L'homme fidèle à ses devoirs est assez
venger des sarcasmes des libertins , par
l'estime que lui ont toujours portée les
honnête gens.

Pourquoi cet enfant dort-ils sans cesse
les yeux et la bouche ouvert.

Monsieur , disait un délateur à Louis
de Bourbon , frère de Charles V , voilà
un mémoire qui vous instruira de plusieurs
fautes qu'on commis contre vous des personnes que vous avez honorées de vos

bontés. — Avez-vous aussi tenus un re-
gistre des services qu'elles m'ont rendues,
reprit le monarque ?

Les soieries que je vous ai vendues
étaient belle , mais les indiennes que vous
m'avez livrées, n'ont parues belle à personne.

Combien de fois a-t-elle eue lieu de re-
mercié Dieu humblement de deux grâces:
l'une de l'avoir fait chrétienne , l'autre de
l'avoir fait reine malheureuse !

ONZIÈME EXERCICE.

Les recherches les plus exact sur l'origine de la peinture n'ont produites que des
incertitudes. On ne sait ni les lieux où elle
a pris naissance , ni les noms de c ux qui
l'ont inventés. Les un disent qu'elle a
commencé à Sycionè, et d'autre à Corinthe.

Qui peut ignorer combien il est doux et
glorieux de secourir l'innocence et la
vertu qu'on a injustement opprimée ?

Socrate , dit à celui qui lui annonçat
que les Athéniens l'avait condamné à mort:
la nature les y a condamnés aussi.

L'imprimerie, que la ville de Mayence
a vue naître, a contribuée infiniment aux
progrès que la civilisation a fait.

Je ne sais si je vous ai compter les acci-
dents et les peines qui sont survenues à
nos jeunes parentes dans les deux derniers
voyages qu'elle on faits. Elles m'on appris

elles-même les désagréments et les peines qu'elles ont essuyer pendant leurs absence.

Lisais souvent les chefs d'œuvres qu'à produits le beau siècle de Louis XIV.

Quelle opinion avez-vous eu de cette femme qui s'est laissé assigner, au lieu de payer les dettes qu'elle a contracter.

Le jeu et la danse que votre sœur a toujours aimée ont beaucoup nui aux progrès qu'elle aurait fait dans l'étude des sciences qu'on lui a enseignées.

Les avares, quelque soit leurs opulence, ont constamment refusé aux pauvres une partie des biens qu'ils ont reçue de la fortune.

Les secrets que j'avais confiés à votre frère ont transpirés ; je ne sais pour quel raison, je comptais d'avantage sur sa discrétion que j'ai toujours connu.

Les affaires que je vous avais recommandées de garder sous le sceau du secret n'auraient pas dues être dévoilé ; cependant aux oreilles de combien de personnes ne sont-elles pas parvenu.

Périclès ne tarda pas à éclipser la réputation qu'avait usurpé de sots déclamateurs et d'ennuyeux sophistes.

DOUZIÈME EXERCICE.

Toutes les mines de diamant réuni ne

saurait racheter un seul des instants que tu as perdus.

Que d'obstacles ces deux grands hommes ont surmonté ! Que de difficultés il ont vaincu ? Que de dangers ils on courus ! Que de nations encore barbare ils ont soumis et civilisées ! Autant de lois ils ont fait , autant de prospérités ils ont ouvert.

Son retour, et le compte que Metellus rendis du succès de ces armes , les villes qu'il avait pris, les provinces qu'il avait ga-gner; tout cela fit tombé et dissipa les mau-vais bruits que Marius avez répandus contre lui.

Les orgues que nous avons entendus l'an passé à Vienne , me paraisse bien su-périeur à l'orgue que j'ai entendue diman-che dernier dans l'église St.-Sulpice. L'or-gue même de l'église Notre-Dame , que vous m'aviez tant vantée , est inférieure aux orgues que nous avons admiré dans les églises d'Allemagne.

Messieurs , la nature semble vous avoir appellés à réparé la perte des hommes célèbre qu'à enlevé à l'étude et à la science des lois , la révolution ; veuillez donc diri-ger nos premiers pas dans la carrière qu'on parcouru les personnages illustres dont on nous a entrenu.

Les chagrins et les peines que m'a causés la conduite de ma fille , sont deve-nues la source de cette mélancolie habituele qui mine lentement ma vie. Que de pleurs n'ai-je pas versées dans le silence de ces longues nuits que j'ai passées sans fermer la paupière ?

Quelque soient nos connaissances, ne dédaignons pas celle que nous avons reconnu dans les autre.

L'histoire que j'ai lue m'a parue fort agréable ; l'ayant retenu par cœur, je pourrez vous la rapporter.

Les rois, quelques puissants qu'ils paraisse, quel que soit leur autorité sur la terre, les rois, dis-je, ne peuvent devancés la marche des temps.

Ces pièces de théâtre serait aussi séduisantes à la lecture qu'à la représentation, si leur auteurs les avaient écrit comme il les ont conçu.

Nos pères, s'ils revenait, aurez bien de la peine à reconnaître les demeures qu'ils ont habitées. Les descriptions qu'en ont laissé nos ayeux sont pour nous comme l'histoire de ces nations qui ont disparues sans laisser aucune trace de leur passage sur la terre.

EXERCICES SUR LE PARTICIPE PASSÉ
des verbes refléchis, réciproques et pronominaux.

EXERCICE PREMIER.
Ma sœur s'est coupée.

Ma sœurs s'est coupée le doigt.

Mes frères se sont imposé volontairement la somme de cinq cent francs quatre-vingts cinq centimes, pour venir au secours des victimes de cette inondation.

Mes amis se sont imposés une tâche bien difficile à remplir.

Tes amis se sont proposés pour remplir cette place.

Nous nous étions proposés différentes questions à résoudre.

Ces Messieurs se sont donnés un rendez-vous pour terminer l'affaire qu'ils ont commencés.

Cette femme s'est cassée l'épaule ; les douleurs qu'elle a souffert ne peuvent se concevoir.

L'homme n'a guère de maux que ceux qu'il s'est attiré lui-même.

Tant qu'ils ont vécus, Racine et Boileau se sont donné des preuves de l'estime la plus sincère.

Ailleurs, les eaux se sont pratiquées de cours souterains, où coule des ruisseaux pendant une partie de l'année.

Saturne, issu de l'union du ciel et de la terre, eut trois fils qui se sont partagés le domaine de l'univers.

Votre sœur et la mienne se sont rencon-

- 5

trées à deux pas d'ici ; elles se sont pár-
lées assez long-temps : elles ne se sont
point imaginées que je les voyais.

Les femmes se sont gâté l'esprit par la
lecture des romans qu'elles se sont pro-
curé , et qu'elles ont lu avec une avidité
qu'on ne peut concevoir.

DEUXIÈME EXERCICE.

Cette jeune fille en tombant, s'est crevée
les yeux ; on l'a rapportée chez elle pour
lui administrer les secours qu'exigent sa
position.

Les mauvaises nouvelles se sont toujours
répandus plus promptement que les
bonnes.

Cette bonne mère s'est proposée d'enseigner à ses enfants l'histoire et la géogra-
phie qu'ils n'ont jamais su.

Que de gens se sont repenti de ne s'être
pas appliqués dans leur jeunesse.

Les fruits que votre sœur s'est chargée
de vous porter , ont été cueilli par votre
père ; ils proviennent des deux arbres
qu'il a faits planter dans sa cour , et que
votre oncle a trouvés si beaux, qu'il les a
nommé les superbes.

Les soldats qui se sont laissés tomber
sur le mail ont parus très en colère contre
la populace qui s'est moqué d'eux; quand
ils se sont relevé , ils sont tombes sur
quelque individus qui les ont à leur tour

assailli à coups de pierres. Les bourgeois ne se sont pas laissés attaquer impunément.

La gloire des grands hommes doit toujours se mesurer sur les moyens dont ils se sont servi pour l'acquérir.

Quelques-uns de nos auteurs se sont imaginé qu'ils surpassaient les anciens.

Ces marchants se sont faits une mauvaise réputation ; ils ont toujours sacrifié la probité à l'amour de l'argent.

Les difficultés que je me suis proposé, n'était pas facile à résoudre ; cependant je les ai vaincu à force de recherches.

Nous ferons l'histoire des préjugés ; nous montrerons comment ils se sont succédés les uns aux autres.

Les poëtes épiques se sont toujours plu à décrire les batailles.

TROISIÈME EXERCICE.

Ma tante s'est toujours concilié l'estime des personnes qui l'ont connues ; sa vertu et son devoir lui ont gagnés la bienveillance et la considération publiques.

On assurait que la Hollande s'était laissé conquérir pour être dispensé de combattre.

Parmi les personnes que le saint Père a reçu dans les dernières audiences qu'il a données, on a remarquer une jeune dame qui s'est présenté avec un visage où se peignait la déceuce et le recueillement.

Malgré leurs découvertes, ces savants ne se sont pas dissimulé combien de services la physique a rendu jusqu'à ce jour à l'humanité.

Plusieurs personnes se sont demandé si le but de la Dunicade est moral ?

Les corps savants se sont faits des objections, et ils se sont répondu sur les difficultés qu'ils s'était fait.

La désobéissance des soldats s'est trouvé monté au plus haut degré.

Caton abolit l'usage, que des citoyens s'arrogeait de faire passer dans leurs maisons ou dans leurs jardins, les eaux des fontaines publiqués.

Je ne saurais vous dire tous les dangers qu'ils ont couru , et auxquels ils se sont soustrait.

Vous vous êtes montré, ma chère amie, trop peu sensible à toutes les caresses que votre tante s'est empressé de vous faire.

Madame D., qui depuis long-temps s'est proposée de faire l'éducation de quelques jeunes demoiselles, s'est transportée à Paris; elle s'est présenté chez la duchesse C., et s'est proposé pour gouvernante ; Mais comme elle s'est donnée des airs de grandeur, l'époux de la duchesse ne l'a pas acceptée ; de retour chez elle, elle s'est laissée aller au désespoir.

QUATRIÈME EXERCICE.

La nature s'est montré une mère bienfaisante ; elle a prodiguer à ses enfants des biens précieux dont ils ont abusés.

Les trois ministres qui se sont succédé en moins d'un an , ne se sont pas montré dignes de la confiance que leur a accordé le souverain qui les a élever à ce poste éminent.

Un homme d'esprit demandait , en parlant de deux dames de la cour qui s'étaient querellé : se sont-elles appélées laides ? — Non. — Et bien , je me charge de les réconciliés.

Les enceintes d'anciennes villes que j'ai observé en assez grand nombre , égalent à peine en étendue nos villes modernes de sept à huit milles habitants ; cela diminu beaucoup l'opinion exagérée qu'on s'était fait de l'ancienne Egypte.

Il sera érigé une colonne dans cet endroit pour perpétué le souvenir des braves qui se sont immolé aux intérêts de la patrie.

Notre docteur prétend que les animaux ont d'abord été dans l'état de nature. Ils ont vécus à peu près seuls et isolés ; ils se sont ensuite formés en sociétés plus ou moins nombreuses ; ils ont contracté de nouvelles habitudes , et leurs mœurs se sont altéré.

La même chose est arrivée à l'homme. Sa nouvelle manière d'existé a influée sur sa constitution physique ; sa sensibilité a diminuée , ses besoins ont changé de de nature et se sont augmenté ; il lui a fallu des habits , un logement , des occupations ; ces passions sont devenues plus impérieuses, mais en même temps son organe s'est plus exercée , son imagination s'est embellie , il est ainsi parvenu à l'état où nous le voyons.

Les deux armées ne se sont pas plutôt rencontrer dans les pleines d'Italie , qu'elles se sont battues avec un vif acharnement.

Les événements qui se sont succédé et pressé depuis trois mois , seront bien dignes d'occuper la postérité la plus reculer.

CINQUIÈME EXERCICE.

Les bruits qui se sont répandus depuis quelque temps , et qui se sont succédés avec une prodigieuse rapidité , ne méritait pas la confiance qu'ils ont obtenu d'un public trop crédule. Ils se sont détruit d'eux-mêmes et ont couvert de ridicule ceux qui les avaient débité ou répété.

Les fautes ou les erreurs qui se sont glissé dans le cours d'une administration aussi longue, aussi pénible , doivent être cublier en faveur des nombreux services que celui qui en était chargé , à rendu à son pays.

Un bal a suivi cette fête charmante ; là , mères et filles se sont tour à tour applaudi, encourager et succéder.

Cette actrice s'est entendue applaudir bien souvent, après s'être vu exposée aux sarcasmes du parterre , qui l'avait pour ainsi dire proscrit.

On envoya le dictateur Valérius contre une partie de l'armée romaine , qui s'étant séparée de l'autre , s'était créée un général.

Tous les habitants de la ville se sont porté au devant de cette généreuse princesse ; des guirlandes de fleurs se sont trouvé tendues dans toutes les rues de son passage , en sorte qu'elle est parvenue , sous un long berceau de rose , à la maison magnifique qu'on lui avait préparé.

Une foule d'écrivains se sont plu à recueillir tout ce que les femmes ont faite d'éclatant.

D'où vient , dis-je à Narbal , que les Phéniciens se sont rendu maîtres du commerce de toutes les nations.

Parmi ce nombre d'hommes qui se sont mêlé de gouverner ou de bouleverser le monde, on ne fait attention qu'à ceux qui se sont illustrés par de grandes actions , et qui se sont servi des événements , ou les on fait naître , pour changé la face politique de l'univers.

Les anciens se sont peu occupés de physique expérimentale ; cependant ils nous ont conservés un grand nombre de faits qui ont contribué aux progrès que la science a fait dans les temps modernes.

SIXIÈME EXERCICE.

Mais que vos yeux sur moi se sont bien exercés!
Qu'ils m'ont vendus bien cher les pleurs qu'ils ont versé.

Les Amazones se sont rendu célèbres dans la guerre par leur courage.

Si les odeurs attirent chacune également l'attention , elles se conserveront dans la mémoire , suivant l'ordre où elles se sont succédées.

Combien de fois l'ignorance ne s'est-elle pas applaudi d e ses propres erreurs !

Les cruautés dont se sont couvert divers empereurs romains qui se sont succédé les uns aux autres depuis le règne d'Auguste , se trouve consigné dans l'histoire, et rendront à jamais exécrable la mémoire de ces hommes féroces qui se sont couvert du sang des peuples qu'ils était appelé à rendre heureux.

En voyant l'ingratitude dont cette personne s'est rendue coupable envers moi , je ne puis que regretter les peines que je me suis donné pour l'obliger , et je suis tenté de lui reprocher les services multipliés que je lui ai rendus.

Ces négociants se sont associés pour le commerce.

Mes cousines se sont plu à la campagne; elles se sont associées une jeune personne pour les promenades.

Démocrite et Héraclite s'étaient partagés l'empire des ris et des pleurs.

Cette femme a été accusé d'avoir contrefait là signature du ministre, et elle s'est trouvé convaincu du crime de faux, pour lequel elle a été justement punie.

Cette jeune personne s'est rendue odieuse par l'habitude qu'elle a contracté de contrefaire tout le monde.

Ses deux hommes se sont battu et se sont dits des injures.

Les prêtres Égyptiens s'étaient réservés la connaissance exclusif des cours des comètes.

A droite, à gauche, nos regards parcouraient avec plaisir les nombreuses demeures que les habitants s'étaient construit sur ces hauteurs.

Les hommes qui se sont rendus les plus dignes des regards de la postérité, sont ceux qui ont fait le plus de bien au genre humain.

St.-Augustin ne veut pas qu'on dise que Dieu nous a fais justes à chaque moment.

Par les ordres du général, dont la sagesse à tout prévue, des cavaliers se sont répandu dans la campagne, et ont examinés le pays.

5*

EXERCICES SUR LE PARTICIPE PASSÉ,

SUIVI D'UN VERBE A L'INFINITIF.

PREMIER EXERCICE.

Les écoliers que j'ai vu jouer sont très-turbulent.

Il nous parle de certaines femmes qu'on à vu vivre avec les pestiférés, et dont une entr'autre s'est inoculée la peste.

La femme que j'ai vu peindre par son mari est très-jolie.

Les vers que j'ai entendus lire sont d'un bon auteur.

Les poëtes que j'ai entendus déclamer lisent bien.

La femme que j'ai vu peindre employait de belles couleurs.

Ces acteurs sont très-bons, je les ai vu jouer ; les actrices ne sont pas aussi bonnes, je les ai entendues crier à fendre la tête.

Ces officier sont très-braves ; je les ai vus décorer de la croix de St.-Louis.

Ces officier sont très-braves ; je les ai vu marcher au combat avec intrépidite.

Cette dame est très-estimée ; je l'ai entendu complimenter par toute la société.

L'étude de la jurisprudence me paraît

une étude que nous avons trop négligée jusqu'ici de cultiver.

Cet écrivain a, puiser les mémoires qu'on a vu paraître successivement dans les rapports officiels, et dans la plus grande partie des ouvrages qu'on á publié sur la révolution.

Cent ans d'oisiveté ne vale pas une heure qu'on a su bien employer.

J'ai perdu ma clef ; je l'ai vu ramasser au moment où je descendais de voiture.

J'ai perdu ma clef ; je l'ai senti tomber au moment où je descendais de voiture.

Cette dame est taciturne ; on ne l'a pas entendu parler de toute la soirée.

La bourse que j'ai déclarée avoir perdu appartient à mon frère.

La bourse que vous avez déclarée vous appartenir n'est pas à vous.

Les hommes que j'ai envoyés chercher ne sont pas encore vénus.

Les hommes que j'ai envoyés chercher mon fils, ne l'ont pas trouvés.

L'intention que vous avez manifesté de rompre vos engagements m'inquiète.

Les soldats qu'on a contrain de marcher se sont mutiner.

DEUXIÈME EXERCICE.

La règle que j'ai commencé a expliquer à mes élèves est très-compliquer.

Les ouvrages que j'ai vu commencer sont loin de ressembler à ceux que l'on a détruit.

Les oiseaux que j'ai vu s'abattre dans la pleine me paraisse appartenir à ce fermier qui vient de me demandé si j'ai rencontré les pigeons qu'il a perdu.

La fable que j'ai entendue lire, n'a pas obtenue les suffrages des hommes de lettres qui se trouvait dans notre assemblée : tous l'ont jugé trop long et trop peu morale.

Nos aïeux vivaient pauvres et vertueux, et mouraient dans le champ qui les avaient vus naître.

Dans l'ardeur qui les dévorent, leur imagination leur retrace ces ruisseaux argentés qu'ils ont vu couler au travers des gazons, ces sources qu'ils ont vues jaillir du sein d'un rocher, et serpentées dans les prairies.

Tels sont les principaux traits que j'ai crus apercevoir dans cet ouvrage, où les caractères font honneur à celui qui les a tracer, où les tableaux font l'éloge de celui qui les a dessiné.

La rivière que j'ai vue détourner, aurait procurée une grande fertilité à nos champs qui manque d'eau.

Les leçons que je vous ai données à étudier sont on ne peut plus facile.

Parmi les poëtes que tu as négligés, soit de traduire, soit de commenter, on doit

faire mention sur tout de Lucrèce et de
Lucain , que tu n'a jamais lu.

La romance que nous avons entendue
chanter aujourd'hui , était du goût de tout
le monde.

Habitants , c'est le champ qui vous a
nourris , c'est le toit qui vous a vus naître
que vous défendez.

Pénélope ne voyant revenir ni lui ni
moi , n'aura pu résister à tant de préten-
dants ; son père l'aura contraint d'accepter
un nouvel époux.

Les terres que nous avons vu labourer
produiront une ample moisson ;   et in-
demniseront l'agriculteur des peines qu'il
a pris.

L'heure que j'ai entendu sonner annonce
le moment du départ de ces braves guerriers qui vont repousser les efforts que
nous a constamment opposé une nation
qui s'est déclarée notre ennemie , et que
nous n'avons pas offensée.

Les oiseaux que j'ai entendu chanter
m'ont rappelé des souvenirs bien agréables,
qui c'étaient presque entièrement effacé
de mon esprit.

TROISIÈME EXERCICE.

Il est vrai , qu'entrainé par le torrent ,
ils se trouvèrent hors de la route qu'ils
avaient résolue de suivre.

Les hommes que l'on a vu abuser des

plaisirs sont ceux qui s'en sont lassé le plus facilement.

Les papiers que j'ai entendu lire me font présumer que le général français a remporter la victoire qu'on nous avait annoncé, et dont plusieurs journaux avait déja parlé.

Les écrits fameux qu'a vu naître le siècle de Louis XIV, seront connus et admirés de nos derniers neveux.

Les orateurs que j'ai entendus discourir sur cette matière fort délicate, ne m'ont pas parus l'avoir long-temps médité.

On a beaucoup parler de ces papiers qui sont tombés du ciel ; mais ceux qui en out parlés les ont-ils vu tomber.

Ces dames étaient fort légères, je les ai admiré danser.

Les statues que nous avons vues arriver et qu'on a découvert ensuite devant nous, ont paru à tous ceux qui les ont admiré, l'ouvrage des plus habiles maîtres.

Ne faites rien qui ne soit digne des maximes de vertu que j'ai tâché de vous inspirées.

Les discours que vous avez entendus tenir sont fort ridicules ; ils annoncent de la jalousie ; passion vile que j'ai toujours detestée.

Les juges que j'ai entendu prononcer la sentence fatale, ne s'étaient pas laissé séduire par les offres magnifiques qu'on leur avaient fait.

Ha! que ces soldats étaient braves! quelle joie ils ont témoignée! Il n'est personne qui ne les aie t vu passer sans éprouver quelqu'émotion.

Les demoiselles que j'ai entendues chanter, m'ont parues doué d'un bel organe.

Timoléon ne se vit pas plus-tôt maître de Syracuse, qu'il fit revenir les habitants que la cruauté du tyran avait forcé de s'exiler.

La plupart de ceux qui ont crus qu'une intrigue froide pourrait soutenir leurs pièces, les ont vues tomber.

Messieurs, où sont les pages que je vous ai vu écrire?

QUATRIÈME EXERCICE.

Les fleurs que j'ai vu cultiver avec succès chez votre père, sont les œillets et les tulipes que j'ai moi-même beaucoup aimé.

Les superbes autels que nous avons vus bâtir, ont coutés des sommes immenses; on les auraient mieux employées à soulager les malheureux.

Connaissez-vous ces ouvrages antiphilosophiques qu'a publié un écrivain moderne? les avez-vous parcouru, ou en avez-vous entendu parlés?

Les ariettes que tu as entendu chanter

aujourd'hui, ne sont pas dignes du compositeur habile qui les a produit.

Tâchons d'imiter les vertus que nous avons entendues louer.

Ces couplets ont paru fort agréables aux personnes qui les ont entendus chanter, pour moi, je les ai trouvé fort ingénieux.

Cette femme n'a approuvée de votre départ, que les impertinences qu'elle n'aurait pas eues à craindre.

J'ai eu pitié de ces malheureux jeunes gens que j'ai vus emmener par des gendarmes; je ne pense pas qu'ils ait rien à se reprocher.

Si cet homme a beaucoup d'ennemis, il se les est attirés par la conduite odieuse qu'il a toujours tenu, et par les opinion funestes qu'on lui a toujours vu professer.

Un grand nombre d'ouvriers se sont vus enlever leurs outils par les mécontents; on les a forcé ensuite de quitter leurs ateliers.

Les règles de la grammaire que j'ai entendues expliquer et développer, m'ont paru fort bien analysé.

Les orateurs que j'ai entendu parler, m'ont parus doué d'un organe assez agréables; la matière qu'ils ont traités et que j'ai entendue discuter, m'a paru d'une assez haute importance, puisqu'il s'agissait de la régénération des mœurs publiques.

Les bâtiments que j'ai vu élever dans

cette ville, et qui sont loin d'être occupé, sont en trop grand nombre relativement à la quantité des habitants.

Les sacrifices que vous avez vus faire, ne permettaient pas que nous en fissions de nouveaux quoique l'utilité publique les aient depuis long-temps sollicité de nous.

Les lettres que j'ai envoyées porter m'avaient été remis, màis c'était bien à tort qu'on me les avaient adressées.

EXERCICES SUR LE PARTICIPE PASSÉ

JOINT A UN INFINITIF PRÉCÉDÉ D'UNE PRÉPOSITION,

et sur le participe passé suivi d'un infinitif sous-entendu.

PREMIER EXERCICE.

Cet homme se trouvait malgré lui hors de la route que sa sagesse et sa raison lui faisait tenir, et qu'il avait résolue de suivre.

Les prisonniers qu'on a contraint de partir ne voulaient point marcher.

Voilà les ennemis que Racine a eu à combattre, et que ni sa prudence, ni sa douceur, ni sa fermeté n'ont pu vaincre.

On a eu, pour son âge et pour sa faiblesse, tous les égard qu'on a dus.

Partout les rayons perçants de la vérité

vont venger la vérité qu'il a négligé de suivre.

Les récompenses que j'ai promises d'accorder, seront délivrer.

Monsieur votre père a obtenu du Roi toutes les faveurs qu'il a voulu.

L'histoire que je vous ai donné à lire est charmante.

La résolution que vous avez prise d'aller à la campagne me contraint d'y rester.

Je lui ai lu mon épître très-posément, mettant dans ma lecture toute la force et tout l'agrément que j'ai pus.

Nous lui avons donnés tous les secours que nous avons dû.

Le fils d'Ulysse compris la faute qu'il avait fait d'attaquer ainsi le frère d'un des rois alliés.

On voyait plusieurs de ces rois sévèrement puni, non pour les maux qu'ils avaient fait, mais pour les biens qu'ils auraient dus faire.

Caton étant déjà vieux, étudia la langue grecque qu'il avait négligé d'apprendre par mépris pour tout ce qui n'était pas romain.

Les auteurs que j'ai commencés de traduire de l'espagnol en français ne m'ont pas semblés fort difficiles quoiqu'on les aient déjà traduit en divers langues.

DEUXIÈME EXERCICE.

Les ouvrages que j'ai commencés d'écrire, ne pourrons pas être achevé avant neuf mois, parcequ'il faut que je parcoure les volumes qu'on a composés sur cette matière fort ingrate, que personne n'a jamais traité à fond.

Nous avons donnés à votre ami tous les conseils que nous avons dû.

Mes amis, je vous ai toujours recommandés la diligence et la sagesse, sans lesquelles vous ne pouvez pas faire de progrès dans les sciences qu'on a commencées à vous expliquer.

Nous les avons entendus chanter les chansons les plus gaies qu'on ait jamais entendues.

Votre tante s'est hâtée de venir nous recevoir, et elle a faite à la servante, qui nous avez faits attendre à la porte, tous les reproches qu'elle a dues.

Quels avantages avez-vous retiré des mensonges honteux que vous n'avez pas craints de répandre contre vos ennemis et contre vos meilleurs amis mêmes.

Nous avons fait tous les efforts que nous avons pus, et cependant nous n'avons pas réussis dans notre entreprise.

Nous nous sommes réjouis de ce que nos ennemis avaient négligés les belles occasions qu'ils avaient eu de nous attaquer, de ce qu'ils les avaient échapper, de ce qu'ils n'en avait point profités.

Les difficultés qu'on a cherchées à

vaincre, ne tarderons pas à s'applanir; et c'est avec raison que l'on dit : que ceux qui se roidissent contre les difficultés, les ont vaincues à moitié.

Les difficultés que l'article a eu à vaincre, et qu'il a fallu surmontées avec gloire, étaient considérables.

Les vases que j'ai envoyés à réparer m'ont coutés fort chers; c'est un marchand italien qui me les a vendu, il les avaient apportés de Milan.

EXERCICES SUR LES PARTICIPES PASSÉS

FAIT et LAISSÉ.

PREMIER EXERCICE.

Les arbres que nous avons faits planter nous donneront bientôt une ombre hospitalière, que les chaleurs de l'été rendront plus agréables.

Nous avons trouvé vos jeunes filles qui jouaient dans la rue, mais nous les avons faites reconduire à la maison paternel.

Ces enfants se sont laissés déshabiller; on leurs a pris tout ce qu'ils possédaient.

Ce général donne trop de licence à ses troupes; il les a laissé ravager toutes les campagnes voisines.

Les passions que vous avez laissées fomenter, finissent par vous subjuguer.

On voit les hommes tomber d'une haute fortune par les mêmes défauts qui les y avaient faits monter.

Leurs projets sont accomplis, et la France est vengé de la dégradation où une fausse politique l'avait mahleureusement laissée tomber.

Je fus sur le point de ne pas trouver d'asile à l'auberge, à cause de ma barbe que j'avais laissée croître, et qui me faisait regarder comme un juif.

Ces ouvrages que je vous ai fait remettre, et qu'à traduit un écrivain très-exercé, vous feront passer des heures fort agréable.

Oh ma fille ! quel Dieu t'as rendu à ton père ?

Comment t'avais-je laissé aller seul au temple.

Vos fils sont à plaindre ; on les a laissé contracter des engagements qui les ont détournés sans cesse des devoirs qu'ils ont eu à remplir.

Ces lois étaient bonnes sans doute ; or, je vous demande, pourquoi les a-t-on laisser tomber dans un éternel oubli ?

Louis XIV fit taire tous ceux qu'il avait faits si bien parler.

DEUXIÈME EXERCICE.

J'avais de fort beaux oiseaux qu'on m'avait donnés : mais les ayant laissé périr, j'ai fait serment de n'en plus avoir.

La solitude appaise le mouvement impétueux de l'âme que le désordre du monde a faits éclater.

Des officiers romains, qu'Annibal avait laissé sortir sur leur parole , arrivèrent à Rome.

Mes livres que j'ai laissés emporter , m'auraient été fort utile au sein des disgrâces qu'on m'a faites éprouver.

Les jeunes gens que la loi a faits partir à l'armée , ont, malgré eux , renoncé aux douceurs que leurs avaient promis un tendre hyménée.

Nos premiers parents furent chassé du paradis pour s'être laissé séduire.

Après avoir examiné ces lettres qu'on m'avait apportées comme suspectes , je les ai laissé passer sans difficulté.

Cette bonne mère s'est laissée attendrir pàr les pleurs de son fils ; elle s'est créée des chagrins qu'elle n'aurait jamais eu.

Les princes énivrés de leur propre grandeur oublient souvent celui qui les a fait grands.

TROISIÈME EXERCICE.

Voilà les maux que vous avez laissés faire.

Vous ne retrouverez jamais les occasions que vous avez laissé échapper.

Pygmalion ne mangait que les fruits qu'il avait cueillis lui-même dans son jardin , ou les légumes qu'il avait semé, et qu'il avait faits cuire.

L'habitude que nous avons contractée de juger trop promptement, nous a faits tomber souvent dans bien des erreurs.

Mes frères se sont vus enlever leur bien par un jugement contraire à toutes les lois de la justice ; je les ai trouvé mourants de douleurs. Ma sœur s'est laissée attendrire au récit de leur infortune.

Les tourterelles que j'avais élevées , je les ai laissées mourir de faim ; quand à celles que j'avais donné à mon ami, il les a laissées tuer par son fils.

Vos cheveux, que vous avez faits couper plusieurs fois , et que vous avez laissé croître ensuite , sont devenus en peu de temps très-long et très-épais.

EXERCICES SUR LE PARTICIPE PASSÉ,

JOINT AU VERBE AVOIR ,

Précédé du mot en *ou du mot* le *, et sur le participe entre deux* que.

EXERCICE PREMIER.

Vous m'avez promis des récompenses, et vous ne m'en avez pat données.

Louis XIV a fait lui seul plus d'exploits que les autres n'en ont lus.

J'ai écrit à mes parents au sujet de l'affaire dont je vous ai parlée ; voici la réponse que j'en ai reçu.

J'ai oublié l'histoire que vous avez désiré que je racontasse.

Votre cause m'a parue plus intéressante que vous ne me l'avez dite.

Ma fille a commise une faute bien plus grave que vous ne l'avez dite.

J'ai fait plus de travaux que vous ne m'en avez donnés à faire.

Nous avons faits exécuter la loi que le tyran avait ordonné que les magistrat enfreignissent.

L'affaire paraissant plus grave qu'on ne l'avait crue d'abord , les consuls résolure de commencer la guerre.

Les secours que vous avez prétendus que j'obtiendrais , ont été illusoires.

La saison est plus belle et plus chaude que nous ne l'avions espéré.

Si je m'étais occupé à recueillir toutes les absurdités que des témoins soient disant oculaires m'ont affirmé , j'aurais entassé plus d'erreurs que Diodore n'en a commises.

Je n'ai pas oublié la bonté du prince, j'aime à citer les bienfaits que j'en ai reçu.

DEUXIÈME EXERCICE.

Alexandre a détruit plus de ville qu'il n'en a fondé.

J'ai causé avec cette femme dont on vous avait vanté les connaissances et le jugement exquit. Je l'ai trouvé beaucoup moins instruit et moins sensée que je ne l'avais crue.

Quel homme étonnant! il lui fallait des rivaux ; il n'en aurait pas rencontré dans la carrière des lettres qu'il avait abandonné pour cette raison.

Cette fille avait de grands défauts ; l'en avez-vous corrigé ?

La conduite que j'avais supposée que vous tiendriez, vous l'avez tenu et vous en avez été blamé.

Baléazar est ami des peuples, en possédant les cœurs, il possède plus de trésor que son père n'en avait amassés.

J'avoue, dit Mentor, qu'il a fait de grandes fautes, mais cherchez dans la Grèce et dans tous les autres pays, un roi qui n'en ait point faites d'inexcusables.

Votre sœur n'est pas aussi savante que je me l'étais imaginée.

Nous opposerons leurs maximes benignes à leurs procédés tyranniques ; nous rapprocherons les principes qu'ils ont établis, et les conséquences qu'on en a tiré.

Je croyais que Madame la duchesse de C. était plus sensée ; du moins elle me l'avait parue, quand je l'entendais causer avec

6

les personnes instruites qu'elle a toujours fréquentée.

Les embarras que j'ai sus que vous aviez ont accéléré mon départ.

Son jardin est vaste ; il m'a donné tous les fruits qu'il en a recueillis.

Cette règle n'est pas aussi difficile que je l'avais présumée.

Cette histoire est telle que vous l'avez raconté.

TROISIÈME EXERCICE.

C'est au dernier moment que toute votre vie s'offrira à vous sous des idées bien différentes de celles que vous en aviez eu jusqu'à aujourd'hui.

Votre tante est plus officieuse que nous ne l'aurions présumée.

Les victoires que nous nous étions imaginé que ce général remporterait, aurait justifiée la haute réputation qu'il s'est acquis depuis bien des années dans la carrière militaire.

Les succès que j'avais prévus que cette pièce obtiendrait, ont répondu à l'attente que j'avais fait concevoir à l'auteur, et ont déconcerté les mesures qu'avait pris une cabale ennemie que les beautés reelle de cet ouvrage ont réduit au silence.

Autant d'ennemis on lui a suscités, autant il en a vaincus.

Nous ne tardâmes pas à comprendre que

la ménace des ennemis était plus sérieuse que nous ne l'avions pensée.

Les choses long-temps désiré sont presque toujours au-dessous de l'idée qu'on s'en était formé.

Triomphez, homme lâches et cruels : votre victoire est plus étonnante que vous ne l'aviez imaginé.

Alexandre-le-Grand prenait plaisir à replacer sur le trône les princes qu'il en avait renversées.

Confucius, en parlant des hommes, a dit : j'en ai vus qui étaient peu propres aux sciences ; mais je n'en ai point vus qui fussent incapables de vertus.

La bataille fut plus sanglante qu'on ne l'avait rapportée.

EXERCICE SUR LE PARTICIPE PASSÉ
DES VERBES IMPERSONNELS,
et sur le participe passé des verbes neutres.

EXERCICE PREMIER.

Les plus brillantes réputations ne valent jamais tous les sacrifices qu'elles ont couté.

La nature a toujours porté les hommes vers les choses qui leur ont plu, et les a éloignés de celles qui leur sont unies.

Les froids qu'il a faits cette année, ont mis cette pauvre femme dans une situation qu'il serait difficile de d'écrire, mais que j'ai peint à sa famille qui parait l'avoir abandonné. ⸺

. Vos ennemis n'ont vécu que pour vous tourmenter.

Si j'avais les sommes que cette fête à coutés, je serais riche.

Nous avons bien employé les heures que nous avons dormis.

Cette méthode a passée dès qu'elle a paru et n'a duré qu'un jour.

L'inondation qu'il y a eue, a endommagée la campagne.

Les grands hommes qui ont parus dans chaque âge, sont les seuls qui aient résisté au torrent des siècles.

Ces hommes se haïssaient à un tel point qu'ils se sont nuis toute leur vie.

Ces dames se sont plues, dès l'instant qu'elles se sont parlées.

Il s'est rassemblée une foule de gens mal intentionnés.

Télémaque, secrètement animé par Minerve, entre sans crainte dans ce gouffre. D'abord il aperçut un grand nombre d'hommes qui avaient vécus dans les plus basses conditions, et qui étaient punis pour avoir recherché les richesses par des fraudes, des trahisons et des cruautés.

DEUXIÈME EXERCICE.

Les méchantes femmes dont votre mère nous a parlées, ont comparues devant les magistrats qui les ont jugées coupables sur le témoignage de quelques personnes dignes de foi.

Les grandes sécheresses qu'il a faites cette année ont causé beaucoup de maladies.

Les soldats se sont souri quand le général a paru, et ils se sont ris de ses ordres.

Les gelées qu'il a faites ont arrêtées nos travaux.

> - Oui, c'est moi qui voudrait effacer de ma vie
> Les jours que j'ai vécus, sans vous avoir servie.

Que d'attentions et d'honneurs de beaux habits nous ont souvent valu.

Les pleurs que je lui avais fait versé, semblaient avoir sillonné ses joues.

Vous m'opposez vos succès éclatants et ceux que vous m'avez valu ; vous m'opposez les suffrages que le public vous a accordés : et moi j'ai à vous opposer les effets ridicules qu'a toujours produit cette manière de déclamer.

Les dix années que ce prince a régnées, ont été remplis par des actes de bienfaisance.

Si vous saviez les saluts que mon habit m'a valu.

Elles ne se sont jamais suffi dans un moment difficile.

Mes richesses ne valent pas les peines

qu'elles m'ont couté , et je tiens peu aux honneurs qu'elles m'ont valu.

Les dix jours que j'ai demeurés chez vous ne m'ont parus qu'un instant.

Les chaleurs excessives qu'il a faites ont causé toutes les maladies qu'il y a eues cette année.

EXERCICES SUR LE PARTICIPE PASSÉ,

PRÉCÉDÉ DES MOTS *le peu de ,*

Et sur le participe passé , précédé des mots
autant de , combien de , que de , quel , quelle , *suivis d'un substantif.*

Le peu de soins que vous avez donnés à cette affaire l'ont fait réussir.

Que de dangers cette désorganisation domestique n'a-t-elle pas multiplié dans la société par ses rapport avec la grande famille !

Son père , en lui donnant des marques d'affections , ne laissa pas de lui reprocher le peu de confiance qu'il avait eu en lui.

Quelles leçons nous a-t-il donné dans cet ouvrage ? Quelles règles nous a-t-il prescrit ?

Que de voyageurs ont portés a des peuples sauvages des arts qui ne sont un besoin que pour les nations qui les ont connus, et qu'on a presque partout introduit les armes à la main ?

Ne pas écrire correctement, c'est dévoiler le peu d'éducation qu'on a reçue.

Le peu d'explications qu'il m'a données m'ont fait comprendre cette règle.

Que de maux ont réparé la bienfaisance de Henri IV !

On ne saurait accuser mon père d'avarice, lui qui a consacré au soulagement des pauvres le peu de fortune qu'il a amassé.

Quelle goutte de sang a-t-il répandu, qui n'ait servi à la cause commune ?

Combien de difficultés n'a-t-il pas vaincu en traduisant cet ouvrage dans une langue qu'il n'a jamais étudiée à fond !

On attribue ces fautes d'orthographe au peu de principes qu'il a reçus.

Il ne vous parla point par modestie du peu de capacité qu'il a acquis dans les armées.

Quelle fatalité a poursuivie vos amis depuis dix ans.

Que de joie nous avons éprouvés en vous voyant.

Les Américains sont des peuples nouveaux : il me semble qu'on n'en peut pas douter, lorsqu'on fait attention à leur petit nombre, à leur ignorance et au peu de progrès que les plus civilisé d'entr'eux avaient faits dans les arts.

Quelle influence n'ont pas eu les plus petites passions.

RÉCAPITULATION
DES DIFFICULTÉS QUE PRÉSENTE L'ACCORD DES PARTICIPES.

EXERCICE PREMIER.

Villes que nos ennemis s'étaient déjà partagés, vous êtes encore dans l'enceinte de notre empire ; provinces qu'ils avaient déjà ravagés dans le désir de la pensée, vous avez encore recueillies vos moissons ; vous durez encore, places que l'art ou la nature a fortifiées, et qu'ils avaient dessein de démolir ; et vous n'avez tremblées que sous les projets frivoles d'un vainqueur, qui comptait le nombre de nos soldats, et qui ne songeait pas à la sagesse que leur capitaine à montrée.

Adieu, paisible et heureuse contrée, que ses habitants n'ont jamais laissée envahir impunément ; adieu fertiles collines, que j'ai vues tant de fois s'embellir aux rayons de l'astre du jour, que j'ai entendues chanter par l'immortel auteur d'Abel ; adieu aimables enfants, nous avons éprouvé de si douces jouissances, et que, comme de jeunes plantes aimées du ciel, nous avons vu s'élever par les tendres soins d'un véritable pasteur ; adieu terribles avalanches, que j'ai entendues s'écrouler avec fracas ; et vous, précipices affreux qui cent fois nous avez menacé de nous engloutir ; vous nous effrayez moins que les dangers toujours renaissant auxquels nous allons être exposé dans le tourbillon du monde.

Ah ! je retrouve en lui cette odieuse race
Qu'a proscrit tant de fois le céleste courroux.
J'en mourrai ; mais sans crime, au moins , j'aurai
passé
Ce peu de jours , hélas ! que le ciel m'a laissé.

DEUXIÈME EXERCICE.

Les choses que nous ne savons que par la tradition , sont celles qui ont été enseignées par Jésus-Christ même , et qui n'ont pas été écrit ; mais que les apôtres ayant appris de Jésus-Christ de vive voix , ont aussi prêchés de vive voix et ont laissé successivement au pasteurs qui leur ont succédés , et que les pasteurs de l'église ont enseignés au fidèles , et se sont laissé successivement les uns aux autres, de siècle en siècle, jusqu'à présent , comme la doctrine de Jésus-Christ : ce sont aussi les explications qui sont faites , et qui se-font encore des paroles de la sainte écriture , par le consentement des pères et des pasteurs de l'église.

Quelque soient nos ennemis , quelques nombreux qu'ils paraissent, quelques partisans qu'ils aient , quelle que chauds que soient ces partisans , nous ne nous laisserons pas abattre par eux.

6*

Quelques soient nos connaissances , ne dédaignons pas celles que nous avons reconnu dans les autres.

Quelques soient les biens ou les maux que la fortune me prépare, quelques contrariants qu'ils soient , je les supporterai avec la plus ferme résignation , avec ce courage et cette constance que m'ont donné mes premières souffrances dans le monde.

Que votre raison se ramène à des fables
Que Sephocle et la Grèce ont rendu véritables.

Comptez , si vous pouvez , les funestes ruines ,
Qu'ont produit si souvent le canon et les mines.

TROISIÈME EXERCICE.

Les nouvelles que votre sœur nous a communiquer , nous ont parues si extraordinaires que nous avons hésités a en faire part à votre père ; car je crois qu'il ne les aurait pas cru.

Quelles que beaux que soit les endroits où tu es , tu t'y plait. Quels que endroits que tu aies visité , j'en ai vus d'avantage.

Vos sœurs ont enfin conclues un arrangement ; elles sont convenues de demeurer ensemble , mais elles n'ont pas pris les précautions que j'aurais désirées. Elles se sont imaginées qu'elles resteront toujours d'accord ; je crains bien qu'elles ne se soient tromper. Elles n'ont pas présumer que les parents les plus unis sont exposés à se brouiller. Les arrangements qu'elles ont arrêtées m'ont parus très-peu solide. Ces dames se sont laissé aller à leur bonne foi; elles se sont figurées que la bonne foi suffit en affaires; elles s'y sont livrées aveuglement. Les conseils que je leur ai données ont été mépriser.

Rome, l'État, mon nom doit nous rendre ennemis ;
La haine qu'entre nous nos pères ont transmis,
Est par eux commandé et comme eux immortelle.

QUATRIÈME EXERCICE.

Les acteurs que, j'ai entendu déclamer n'ont pas les talents que j'avais crus. Les actrices dont votre sœur m'a vanté la tournure se sont présenté sur la scène avec toute la grâce qu'elle leur a reconnu ; elles ont été accueillies avec enthousiasme, et je les ai entendues applaudir par tous les spectateurs.

Je croyais que vos amis pouvaient être cités comme des hommes indépendant ; mais j'ai acquis la preuve que l'on peut sans injustice les classer parmi les êtres bas et rampant ; car, je les ai vu rampant aux pieds du préfet.

Quelques fautes graves que nous ayons commis, confions-nous en la miséricorde de Dieu. Quelques sincères que les hommes paraissent avec les femmes, elles ne doivent pas s'attendre à n'être jamais trompé.

Les jeune fille que j'ai vu puiser de l'eau dans votre jardin, m'a parue disposer à entrer chez vous , si elle n'était agrée par Madame.

Les raisons que vous m'avez allégués pa raissent avoir été crées pour m'induire en erreur.

Vous admirez les vers que ce jeune homme a lus , et qu'il a soutenus avoir composer lui-même ; je puis vous assurer qu'il ne les a pas fait; car, il y a au moins vingt ans que je les ai entendu lire par une jeune dame dont on a beaucoup parlée à cette époque.

La toile que votre sœur a résolue d'envoyer à Rouen , n'est pas aussi bonne qu'elle me l'avait paru.

CINQUIÈME EXERCICE.

Le général sera responsable des dégats qu'il a laissés commettre par ses troupes; vous savez qu'il les a laissé ravager tous les provinces qu'il a conquis; quand il a voulu arrêté leurs brigandages , ses soldats se sont moqués de ses ordres ; il leur a fait toutes les remontrances qu'il a dû ; aucun d'eux ne les a écoutés.

Les marchandises que votre sœur a voulue acheter ne lui ont point convenues , elle les a trouvées trop chères. Celles que je lui ai conseillés d'acheter lui auraient convenues d'avantage, ce sont celles que vous avez vu dans la boutique qu'on a établie récemment dans mon voisinage ; mais elle ne s'en est pas accommodé, attendu qu'elle ne les a pas cru à la mode.

La règle que je vous ai conseillée d'étudier a dû vous paraître et vous a parue sans doute plus difficile que vous ne vous l'étiez imaginé.

Votre cousin m'a rendu plus de services que je n'en avais opérés de son amitié.

La fille de votre ami est plus spirituelle que vous ne l'aviez annoncé.

Les pensionnaires de cette maison sont toutes venues me saluer ; j'en ai retenu plusieurs à diner ; j'en ai invitées d'autres à venir passer la soirée ; j'en ai renvoyées plusieurs sans leur avoir adressé aucune invitation.

Les soldats qu'on a obligé de partir pour l'armée, se sont révoltés et ont refusés d'obéir ; on en a puni beaucoup et on les a faits rentrer dans le devoir.

Sa robuste jeunesse et sa mâle vigueur
Que n'a point de l'Europe énerve la langueur....

SIXIÈME EXERCICE.

J'ai écrit à votre cousine ; vous ne devineriez pas la réponse que j'en ai reçue ; elle s'est arrogée le droit de me faire des représentations ; elle s'est oublier au point de blâmer la conduite que j'ai tenue envers elle pendant les quatre années qu'elle a restée en pension. Elle a oublié le peu de services que je lui ai rendus. Votre mère s'est réservée de lui faire elle-même les reproches que j'aurais dues lui faire; elle s'est proposée de lui rappeler les soins qu'elle a sus que je me suis donné pour l'élever et les peines que m'a couté son éducation.

J'ai oublié de vous envoyer les livres que vous avez désirés que je vous prêtasse. Les romans que vous avez prétendu que j'avais reçus de Paris ne me sont point encore parvenus; il parait que la police a fait à mon libraire les difficultés que j'avais présumées qu'elle lui ferait.

Les reproches que vous m'avez adressé sur les délais que j'ai apportés à vous transmettre les papiers que vous avez désiré obtenir, me prouvent que vous ignorez combien de difficultés j'ai éprouvé de la part de votre oncle; autant de démarches j'ai hasardé auprès de lui, autant de refus j'en ai reçu; le peu de complaisance qu'il a montrée à vous obliger atteste le peu d'affection qu'il vous a toujours portée depuis votre enfance.

Attendu les difficultés et les embarras que nous avons éprouvés l'an passé, vue la maladie dont mon épouse a été attaquer, j'ai vendu tous mes biens exceptée ma maison de campagne; je n'en ai pas retirés les cent milles francs qu'ils m'ont coutés; je regrette moins les dix mille francs que j'ai perdu en les vendant, que toutes les peines qu'ils m'ont coutés depuis que je les ai achetés.

Quelque raisons que vous puissiez me donner, quelques-puissent être vos sujets de plaintes, quelqu'ait été la conduite qu'ont tenu envers vous vos parents, quelleque sévéritée qu'ils aient montrer à votre égard, je vous blâmerai fortement, si vous ne les pressez d'oublier le peu de soumission que vous leur avez témoignée.

SEPTIÈME EXERCICE.

Ma maison de campagne ne vaut plus vingt milles francs; elle les aurait toujours valus sans les dégâts que l'hiver y a occasionnés; si vous connaissiez les peines que cette acquisition m'a valu vous me plaindriez.

Le peu de renseignement que j'ai reçus sur votre affaire m'empêche de la suivre J'ai beaucoup à me plaindre de vos amis; ils sont cause, par le peu de complaisance qu'il m'ont témoignée, que je ne pourrai rien faire pour vous. Dans la conférence que j'ai eu avec eux, ils m'ont paru opposé à vos intérêts. Pendant les deux heures que cette conférence a durées, ils se sont plus à me tourmenter; ils se sont ris de mes observations; ils s'en sont même moqués, et quand je leur ai demandé définitivement leur avis, ils se sont parlé à l'oreille et ne m'ont rien répondus ; par cette conduite indécente, ils se sont beaucoup nuis dans mon esprit.

Votre cousine , qui vient de mourir, a passée les vingt années qu'elle a vécue dans les souffrances et les douleurs. Pendant les derniers jours qu'elle a tant souffert de la poitrine, elle a montré une fermeté que l'on n'aurait pas crue pouvoir rencontrée dans une jeune personne.

Quelque soit l'indulgence de votre père, quelleque bonté qu'il vous ait toujours témoignée, il ne souffrira pas que ses enfants perdent leur temps à joué.

Ces jeunes gens , jouissans depuis peu de leurs droit, se sont imaginé que tout leur est permis ; je les ai vu insulter une dame âgée qui s'était crue permis de leur faire quelques remontrances ; ils se sont glorifier de lui avoir répondus avec insolence. Je les ai entendu tenir les paroles les plus extravagant; ils ne se sont tus que lorsque la maîtresse de la maison leur a imposé silence; alors, ils se sont parlés à l'oreille, et un instant après, ils ont disparu.

HUITIÈME EXERCICE.

Votre sœur m'a mandée que vous ignorez encore la conduite que vos cousins ont tenue pendant les quinze jours qu'ils ont passé chez elle. Elle m'en a parlée d'une manière très-étendue ; je vais vous communiquer les détails qu'elle m'a donnée à ce sujet. Vos cousins s'étaient proposer de chasser beaucoup; ils s'étaient imaginé qu'ils en auraient la permission; en cela, ils s'étaient trompés; car ils se sont donnés beaucoup de peine pour l'obtenir, ils n'y sont point parvenu. L inaction les a portée à jouer; cette occupation dangereuse leur a irritée l'esprit au point qu'ils n'ont pas tarder à ce querellés; ils se sont dit de grosses injures; ils se sont reprocher leurs défauts; enfin, après s'être disputer très-grossièrement, ils en sont venus aux mains; ils se sont portés de coups terribles, ils se sont même dangereusement blessés. Non contents d'avoir tenu cette conduite, ils se sont donnés rendez-vous, et se sont battu en duel. Deux d'entre eux ont été blesser, enfin votre sœur est parvenue à les réconciliés, ils se sont repentis de leur conduite et se sont serrés la main en signe de serment.

La fête que votre mère a désirée donner et à laquelle nous avons assistés lui a coutée bien cher: toutes les dames de la ville y sont venues, exceptées celles que nous avons désirées d'y trouver. Vous devinez que c'est de votre tante que je parle. Le peu d'amitié qu'elle nous a témoignée nous a pénétrer de reconnaissance; nous n'avons pu le lui prouver, attendu son absence de la ville et le peu d'occasions que nous avons eus de la voir.

Il n'est pas étonnant que ces deux grands écrivains aient été exposer à l'envie, et qu'ils se soient vus préférer des concurrens dont les noms se sont ensevelis dans l'oubli.

NEUVIÈME EXERCICE.

La jeune personne que vous avez vue chez moi, et que vous avez appelé madame, n'est pas marié ; c'est une de mes parentes; elle a perdu sa mère, il y a huit ans passés; je l'ai retiré de chez ma tante qui s'en était chargé, et qui l'a rendu très-malheureuse pendant six mois qu'elle l'a gardée chez elle. C'est moi qui l'ai élevé ; elle a beaucoup profiter des soins que je lui ai donné; aussi je ne regrette pas les cinq à six mille francs que son éducation m'a coutés. Pendant sept ans qu'elle a demeurée chez moi, elle a tenu une conduite exemplaire ; elle n'a cessée de donner la plus grand satisfaction. Tous les maîtres qu'elle a eu ont admiré son zèle et ses heureuses dispositions; ils se sont tous applaudi de l'avoir pour élève. Elle est partie pour l'Ecosse, il y a vingt jours; je l'ai envoyé chez ma mère qui a désirée l'avoir, et qui me l'a demandé pour quelques mois. Elle s'y trouvera avec ses frères qu'elle n'a pas vu depuis sept ans. Elle m'a écrit la semaine passé ; elle m'a marquée qu'elle a passée dix jours à Paris , et qu'elle s'est proposée d'en passer autant à Londres. Elle est accompagnée d'une femme âgée qui l'a nourris et qui ne l'a jamais quittée. C'est la vieille domestique que vous avez entendue appeler Catherine. Les attentions que cette bonne femme a toujours eu pour une parente m'ont rendu son service très-agréable. C'est d'elle que j'ai reçu la lettre que vous avez vue me remettre, il y a un instant par le facteur. Elle m'apprend que sa maîtresse, qu'elle appelle son amie, s'est trouvé un peu fatiguer de la route ; qu'il lui est survenue une tumeur au bras gauche, dont elle a un peu souffert, mais que cette tumeur a beaucoup diminuée le second jour, et qu'elle espère que ma parente en sera débarassé incessamment.

La règle des participe que vous m'avez donné à étudier et que vous avez désirée que nous apprissions, ne nous a point paru aussi difficile que nous l'avions crue; nous en avons apprécier toute l'utilité.

Messieurs, où sont les fleurs que je vous ai vues peindre.

DEUXIÈME PARTIE,

Renfermant des fautes de construction, des barbarismes, des solécismes, des disconvenances, des équivoques et des phrases incorrectes frappées du vice le plus condamnable.

CHAPITRE Ier.

SUR LE SUBSTANTIF,
L'ARTICLE ET L'ADJECTIF.

PREMIER EXERCICE.

1. Les pleurs amères qu'il a versées aujourd'hui, n'ont pu me faire oublier celles qu'il a repandue dans une autre occasion.

2. L'organe de cette orateur est plus belle que celle de son rival.

3. Cette emplatres est trop petite, il faut en faire une plus grande.

4. Vous avez cru votre belle éventail perdu ; mais elle vous sera remise.

5. Il faut placer cette astérisque au bas de la page, afin que le lecteur la voie où elle doit être.

6. Il parait que les premiers orgues ont une origine fort ancienne ; cependant tous les historiens conviennent que ceux qu'on

entendit en France pour la première fois, ne remontent pas au-delà de l'an 707 ; ils avaient été donnés à Pepin par l'empereur Constentin Copronyme.

7. Quels délices peut-on comparer à ceux que cause une bonne action !

8. Il y a dans Scipion l'africain, quelque chose qui est encore plus estimée que ces victoires , c'est sa vertu.

9. Pygmalion ne connaissait pas les gens de bien , car de tels gens ne vont pas chercher un roi corrompu.

10. Pourquoi les personnes d'un mérite distingué , quelque soit la carrière qu'ils suivent , ne réunissent-ils pas tous leurs efforts pour soutenir toutes les idées qui ont en soi une élévation reconnue?

11. Ce sont de philosophes célèbres qui tiennent ce langage. Voilà des supèrbes ornements. Des fameux personnages ont encouragé ma muse timide.

12. Suppose ces deux cas, feue ma tante et feus mes cousins, ses fils, auraient réussi dans leurs projets.

13. L'esprit et la vertu , fait pour plaire toujours, sont la source de toute véritable gloire.

14. La couleur blanche et bleue produisent un effet agréable.

15. Le sévère et le judicieux Boileau n'épargne pas même les vivants.

DEUXIÈME EXERCICE.

1. L'office parait toujours trop longuè aux personnes qui ne sont pas rempliç de l'amour divin.

2. Nos arrières-neveux nous imiteront, si nous fesons des bonnes actions.

3. L'Espagne s'honore d'avoir vu naître les deux Sénèques.

4. Il y a souvent plus d'esprit dans un petit volume que dans des gros in-folios.

5. Les perces-neiges portent des fleurs au milieu des rigueurs de l'hiver.

6. En temps de guerre, les sauvages de l'Amérique sont armés de casses-têtes.

7. Ce sont les Molières , les Boileaux , les Racines, qui portèrent, chez toutes-les nations , la gloire de notre langue.

8. Les réponses des personnes distraits ne sont souvent que des coqs-à-l'âne.

9. Toutes les exemplaires qui ne sont pas revêtues de sa paraphe , doivent être regardées comme contrefaites.

10. L'outrage que vous avez faite à ma fille était cruelle ; cependant elle l'a dévorée en silence.

11. Ces hymnes qu'on avait faites pendant la révolution , avaient pris la place des hymnes admirables que Santeuil a produites.

12. J'ai vu ces malheureux forçats passer

le pont ; ils étaient nus-pieds , nue-tête , quoiqu'il fit un froid cruel.

13. Je vous ai envoyé une demie aune d'étoffe nore et une aune et demi de dentelle bleue que j'ai vendues à votre mère.

14. Combien on trouve dans Homère et dans Virgile des épisodes bien aménées!

15. Les grandes et les fortes pensées viennent du cœur.

16. Ce champ était orné de statues de grands hommes qui avait servi la république.

17. Engagez votre parents de se hâter de venir , car c'est les premiers venus qui seront les mieux et les plutôt servis.

18. Je ne suis contente de personne, je ne la suis pas de moi-même.

19. Le repos, la tranquillité, si nécessaires à l'homme, est ordinairement le partage de celui qui sait mettre un frein à ces passions.

20 Une pudeur , une certaine honte, m'avaient empêché de parler de la négligence, de la paresse si nuisibles à l'homme.

21. Je ne puis , disait une femme à son mari, être insensible aux soins que vous prenez pour me rendre heureuses, croyez que je la suis.

TROISIÈME EXERCICE.

1. La solide et la véritable gloire réside dans la pratique de toutes les vertus.

2. Aristide fut un des citoyens des plus vertueux de son siècle.

3. La méchanceté, la rigueur, la dureté et la malice, sont insupportables à un cœur sensible.

4. Les Français parlent vites, et agissent quelquefois lentement.

5. Les plaisirs sont des fleurs semées parmi les ronces de la vie ; mais il faut les cueillir avec soin, car on flétrit aisément leur beauté passagère.

6. Je fréquente les plus brillantes et les plus aimables sociétés.

7. Cet acteur joue avec un goût et une noblesse charmants.

8. C'est donc en vain qu'on met la véritable gloire dans l'honneur et la probité mondains.

9. J'enseigne les langues latine et française.

10. Cette femme à l'air bonne ; l'air spirituelle ; l'air contente.

11. Les occupations matinales valent mieux que celles de la journée; j'ai entendu le chant matineux du coq. Cette dame se porte bien, parcequ'elle est matinière.

12. Ces enfants sont pardonnables. Cette famille est d'un prix estimable.

13. D'après les lois de Solon, un père qui n'avait point fait apprendre de métier à son fils, ne pouvait en exiger aucuns secours.

14 Quelquesriches que soientlesavares,
ils ne donnent à personne.

15. Quelque soient vos richesses , vous
ne serez jamais heureux.

16. Quelques soit l'homme qui vous
oblige , soyez reconnaissant.

17. Quelle que soit votre force ou votre
courage , je ne vous crains pas.

18. Quelque soit son tort ou sa mala-
dresse, ne lui en voulez pas.

19. La vertu, toute austère qu'elle est,
fait goûter bien des plaisirs.

20. Nous nous trouvions dans un péril
éminent , mais il plut à la providence de
nous en tirer.

21. La perte que mon père a faite est
conséquente , ton ami a entrepris un ouvrage conséquent.

22. Cette muraille est prête à s'écrouler.
Acceptez , ô mon Dieu , ce sang prêt à
couler.

23. Tous les maris étaient au bal avec
leur femme, qui nous ont paru charmante.

24. La vérité n'est point à nous , nous
ne sommes que ses témoins et ses déposi-
taires.

25. Les philosophes , tous profond
'qu'ils sont , ignorent la cause de bien des
effets.

26. Le mérite , les vertus mêmes doivent beaucoup à la modestie , qui en
rehausse l'éclat.

7

CHAPITRE II.

DU PRONOM et DU VERBE.

PREMIER EXERCICE.

1. J'espère que tu rempliras les obligations qui t'ont été imposées.

2. Vos grands et petits appartements ont été dévastés.

3. Cet ouvrage est mal écrit, j'ignore quel est son auteur.

4. En épousant les intérêts d'autrui, nous ne devons pas épouser ses passions.

5. Le huit du mois dernier, Monsieur votre père nous a écrit une lettre, et il a reçu la nôtre le cinq.

6. Taillezcet arbre, et donnez-y la forme qui vous paraîtra le plus convenable.

7. Je ne suis point ce brave qui vous ai défendue, Madame, contre vos ennemis.

8. Soulagez les malheureux ; l'humanité la religion, Dieu vous le commandent.

9. La pluralité des bénéfices à charge d'âme, sont condamné par les canons.

Une nuée de critiques se sont élevés

contre Lamothe. Cette sorte de fruits donnent des vers.

11. La Bourgogne, ainsi que la Champagne, produisent des vins excellents.

12. Le bal, non plus que la chasse, ne convienne nullement à la faiblesse de mon tempéramment.

13. Vous, et votre oncle, après qu'il sera de retour de la campagne, viendrez voir la maison agréable que j'ai achetée à une lieue et demi d'ici.

14. Ce vieillard vient à nous, et nous dit avec cette noblesse, cette dignité qui annoncent un homme au-dessus de saprofession; étrangers, que j'ai la consolation de vous entendre, si le plaisir, la joie de vous voir, me sont interdite.

15. Les passions, qui ont en soi tant de force, cèdent toute à l'ambition.

16. L'homme inconstant ne ressemble jamais à soi-même.

17. Les ressources de la vertu sont infinies: plus ont fait usage d'elles, plus elles se multiplient.

18. Licinius, étant venu à Antioche, et se doutant de l'imposture, il fit mettre à la question les prophètes de ce nouveau Jupiter.

19. Elle a long-temps gardé son lit, et ceux qui l'ont vue de près assure que ses chagrins lui ont abrégé la vie.

20. Si j'avais affaire à un honnête

homme , je serais plus tranquille que je ne suis.

21 La religion , qui est si belle , ordonne que nous fassions du bien à nos ennemis.

22. Vous avez trouvé des papiers ; sont-ce là eux ? — Oui , ce les sont.

23. Quand le moulin de mon père sera terminé , on lui adapta des aîles.

24. Monsieur , est un honnête homme, un maître excellent ; attachez-vous y, vous ne vous en répentirez pas.

25. On dit que la France , ainsi que l'Angleterre et la Russie , vont donner la chasse au pirates.

26. Cette dame est convenu à la reine, et cette princesse a convenu de la placer dans sa maison.

27. Le baromètre était monté ; il a descendu. Sa fille a disparu depuis six mois. Cette race a dégénéré , tout le prouve.

28. La légéreté , les grâces de Théano, sa taille élancée , élevée au-dessus de ses compagne , arrêtaient les regards.

29 Sa beauté , son enjouement , sa noble fierté , s'enfuyaient devant lui.

30. Le châtiment ou la récompense nous sont réservés ; l'un ou l'autre nous attendent.

31. Jésus-Christ est expiré sur l'arbre de la croix. Ces soldats sont expirés en chargant l'ennemi.

32. Le temps des vacances a expiré hier. La trève n'avait pas encore expiré

que l'on songait à faire de nouveaux préparatifs de guerre.

33. Beaucoup de personnes font leur
plus chers délices du café.

34. Cette maison ne m'appartient pas;
j'ai seulement sa jouissance.

35. Le duc de Bouillon fut obligé de
céder à Henri IV la ville de Sédan ; ce
prince, content de sa soumission, lui
rendit.

36. Après une guerre opiniâtre, la victoire nous a demeuré. Mille combattants
ont resté sur le champ de bataille.

DEUXIÈME EXERCICE.

1. Je ne voudrais pas que vous m'écri-
viez avant l'époque dont nous sommes
convenus.

2. Nous avions craint que quelque
étranger viendrait faire la conquête de
l'île de Crète.

3. Il serait à souhaiter que les hommes
riches aient été pauvres avant d'être comblé
des dons de la fortune.

4. Je suis ce fier Hercule qui a étranglé
le lion dans la forêt de Némée.

5. Ce militaire a demandé un congé ;
mais il a quitté le service avant qu'on lui
est accordé.

6. La pitié, la compassion doivent
s'étendre à tous les emplois.

7. Il n'a pas fait serment de faire grâce

à qui la demendra ; mais de faire justice à qui il l'a doit.

8. Ces gens là , c'est les meilleurs gens que j'ai jamais connus.

9. J'espère , mon ami , vous prouver qu'il est faux que Solon ou Publicola soient les premiers qui aient introduit l'usage de l'oraison funèbre.

10. Ce sont la bonne conduite, ou une vie déréglée , qui font le bonheur ou le malheur de l'homme.

11. Le président demandat grâce pour le coupable, on lui promit ; mais il n'en fut pas moins condamné à mourir ignominieusement.

12. J'ignore si le commandant ou vous devait apporter les ustensiles dont votre père ou moi avait besoin pour nous former des cabanes.

13. Lequel des deux furent le plus intrépide de César ou d'Alexandre?

14. La douleur , de même que les reproches ne font aucunes impressions sur l'esprit des méchants.

15. Paris, de trop pour bien des gens, est fort bon pour un homme comme vous , Monsieur , qui portez un grand nom , et qui le soutenez avec gloire.

16. Qui de ces joueurs ou de ces chantres ont perdu la tramontane ?

17. Bois auxquels j'adresse mes plaintes,

faites que vous soyez l'objet auquel je me confis.

18. Vous ne devez pas vous charger d'un fardeau sous qui succomberaient l'homme le plus robuste.

19. Aucuns de ces écoliers n'ont fait leurs devoirs.

20. Les écoliers étudiront leurs leçons, chacun dans leurs chambres.

21. Tous glorieux que soient tous les triomphes que la France ait obtenus, ils ne sont pas tout si merveilleux.

22. Votre affaire est bien malheureuse; je connais ses résultats.

23. Donnez-moi votre version que vous avez fait, et je vous renderez votre thême que vous m'avez donné à corriger.

24. Vous demandez des devoirs et ne les faite pas.

25. Aristote fut certainement une des têtes la plus forte et la plus pesante que la nature a organisée.

26. Le Centurion envoyé par Mucius, entre dans le port de Carthage, et dès qu'il fut débarqué, il élève la voix...

27. Tandis que le cardinal Mazarin gagne des batailles contre les ennemis de l'état, les siennes combattait contre lui.

28. Votre ami n'a pas été plutôt arrivé à la campagne, qu'il y est tombé dangereusement malade au point de craindre de ne pouvoir le guérir.

29. Grands et riches, petits et pauvres, nul ne peuvent se soustraire à la loi.

3o. La victoire que ce général tient déjà, un coup de sabre est sur le point de lui ravir

31. Combien de temps êtes vous resté en Angleterre ? Je suis resté sept mois à Londres sans sortir de ma chambre.

32. Quelques hommes courageux ont été ennoblis depuis peu par le roi. Le malheur anoblit quelquefois l'homme qui en est accablé.

TROISIÈME EXERCICE.

1. Etant résolu de partir, il faut vous remettre votre argent.

2. Il n'y a de supériorité réelle que celle donnée par le génie et la vertu.

3. La meilleur manière de se venger, est de ne point ressembler à celui qui nous fait injure.

4. Il n'y a rien jusqu'à la vérité même, à qui un peu d'agrément est nécessaire.

5. La narration dramatique est divisée en chapitre , dont chacune a leur titre.

6. Pour vous engager à étudier la langue des Buffons et des Racines , je veux vous faire connaître combien son usage est répandu.

7. Le père dont le fils est mort, était l'ami à mon père.

8. Les alliés jugèrent expédient de quitter la France.

9. Je crois que tous les hommes peuvent se nuire ou s'aider les uns les autres.

10. Vous pouvez compter et croire à mes bonnes dispositions vis-à-vis vous ; aussi ai-je déclaré ce matin, que je ne voulais pas séparer ma cause d'avec la vôtre.

11. C'est de cette maxime salutaire dont je voudrais vous voir pénétrés. Connaissez-vous ce livre que l'on ignore quel en est l'auteur. C'est ici où l'eau coule plus rapidement.

12. C'est à vous seul, mes amis, à qui il appartient de régler mes affaires un peu délabrées.

13. L'on peut demander si c'est le législateur qui a manqué aux peuples, ou les peuples au législateur.

14. Ta sœur rit toujours de toute ses forces, et jamais de tout son cœur.

15. Mentor disait que la sagesse valait mieux que l'éloquence, qu'il était utile de travailler.

16. Je n'ai pas oublié de dire à mon fils que la reconnaissance était un devoir.

17. Ce matin, la Pythie se baigna dans la fontaine de Castalia, se lava les pieds et les mains, but une certaine quantité d'eau, et mâcha des feuilles de lauriers cueillies auprès de la fontaine.

18. Mes amis m'exhortèrent à faire des

observations sur la langue , ils me disait
pour leurs raisons , que M. de Vaugelas
n'avait point tout dit dans ses remarques ;
ils ajoutèrent que la langue française était
un vaste pays où il y avait toujours quelque chose de nouveau à découvrir et une
riche mine qu'on ne pouvait trop creuser;
qu'il s'abolissait et s'introduisait tous les
jours des façons de parler dont il était à
propos que le public fut informé.

19. Les désirs ont des charmes qui
cessent d'exister pour celui qui sans cesse
s'abandonne à eux.

20. La multitude d'hommes qui envi-
ronnent les princes , sont cause qu'il y en
a peu qui fasse une impression profonde
sur eux.

21. Le passé est un abyme où se préci-
pite le présent et l'avenir.

22. La vie humaine , ainsi que les plus
belle fleurs , ne durent qu'un moment.

23. Vous êtes le premier qui avez fait
remarquer certaines fautes que l'on avait
pas découvert jusqu'alors.

24. Si je n'ai pas été vous voir , ce n'est
pas que j'ai du refroidissement pour vous.

25. Ni moi, ni personne , en Italie, n'a
pu se plaindre de toutes ces extravagances.

26. Il semble que Valdo a eu d'abord
un bon dessein , et que la gloire de la pauvreté est séduit lui et ses parents.

27. Denys informé de la marche d'Hé-

loris le surprend de grand matin, avant qu'il eut pu ni rassembler, ni ranger son armée.

28. Il nous arrivat hier plusieurs personnes après que nous vous avons eu quitté.

29. Il est bien plus heureux d'être ennobli par son roi, que l'être par ceux dont on a reçu le jour.

30. Prenez garde, je vous prie, à ces vases de porcelaine et à ces bocals de crystal; c'est des objets fragiles.

31. Sertorius avait une biche, les uns disent tâchée, les autres blanche, pour qui il avait une grande affection.

32. Lycurgue avait défendu qu'on éclaira ceux qui sortaient le soir d'un festin, afin que la crainte de ne pouvoir rentrer chez soi les empêchât de s'énivrer.

33. Nous devons préférer des amis trop sévères à des amis trop complaisants: ceux-ci disent souvent la vérité, tandis que ceux là la dissimule presque toujours.

34. L'on pardonne un jeune homme lorsqu'il n'est pas en récidive. Il est beau de pardonner ses ennemis.

35. César répondit qu'il ne voulait pas entendre la proposition qui lui était faite par le sénat, il dit qu'il n'entendrait jamais un pareil accommodement.

36. Des jeunes pages éclairaient le mo-

narque, lorsqu'il passait d'un appartement
à un autre.

37. Alexandre voulait commander l'univers. L'homme sage sait commander ses
passions.

38. Ce prisonnier demande sa liberté,
dites-vous? donnez-lui.

QUATRIÈME EXERCICE.

1. Les Dieux décident de tout ; c'est
donc les dieux , et non les hommes qu'il
faut craindre.

2. Le bonheur ou le malheur du peuple
sont dans les mains de ceux qui gouverne.

3. Pensez-vous qu'en formant la république des abeilles, Dieu n'a pas voulu ins-
truire les rois à commander avec douceur,
et les sujets à obéir avec amour.

4. Le meilleur cortège qu'un prince
peut avoir , c'est le cœur de ses sujets.

5. Nous voudrions que ce jeune homme
obéisse à ses parents , qu'il les respectent
d'avantage et qu'il se montre plus assidu à
l'étude.

6. Pharaon commandat qu'on redou-
ble les violences envers les Israélites , et
qu'on les contraigne de rendre le même
nombre de briques sans leur fournir les
pailles comme à l'ordinaire.

7. Je ne souffrirais point, ô Télémaque,
que vous tombiez dans ce défaut qui rend
un homme inhabile pour le gouvernement.

8. Moi-même, mon cher Mentor, je craignais que la vérité ne perce le nuage, et qu'elle ne parvienne jusqu'à moi. .

9. Joseph ayant vu ses frères, donna ordre qu'on les fasse entrer et qu'on leur prépare un festin.

10. Minos n'a voulu dont ses enfant régnent après lui, qu'à condition qu'ils régneraient suivant ses maximes.

11. Il est rare que nous nous reconcilions avec un homme que le crime à nos yeux est d'avoir blessé notre amour propre.

12. Les moyens les plus surs que nous employons, pour assurer notre félicité, sont ceux que la vertu avoue.

13. Permettez que nous essayons de retracer l'état fleurissant où se trouvait alors ces belles provinces.

14. Bénits soient les princes qui ont été les pères des peuples.

15. Il n'est rien que nous oublions plus promptement que les malheurs passés.

16. Monsieur votre père est le plus bizarre et plus charitable homme que j'ai jamais connu.

17. Voici un taureau furieux ; ne nous approchons pas de lui.

18. Je réclame un service de votre bonté qui méritra toujours ma reconnaissance.

19. Une chaumière, une cabane mêmes

peuvent suffire à celui qui peut se contenter de peu de chose.

20. Vous parlez en homme instruits qui
entendez la langue des Démosthènes et des
Virgiles.

21. Lequel des deux , Alexandre ou
César étaient tourmenté par une plus
grande ambition?

22. L'opinion contre qui je me déclare,
n'est pas celle pour qui tu es porté.

23. Nous payerons à la nature le tribut
que tous les hommes payeront chacun à
leur tour.

24. L'empereur s'étant fait présenter
la mère, la femme et les enfants de Darius,
il leur parla avec bienveillance.

25. Je lus ce matin cette maxime de
Platon, qui dit que l'espérance est le songe
de l'homme éveillé.

26. Quoique les méchants prospère quelquefois , ne pensez pas qu'ils sont heureux.

27. Il semble que le temps est un
ennemi commun contre qui tous les hommes
soient conjurés.

28. Qui sont les maux qui n'ont pas en
même temps leurs remèdes.

29. Messieurs , croyez - vous pouvoir
aller promener dans l'après-midi ?

30. La fille du roi qui n'était pas moins
affable, leur promit secours et protection.

31. Cet homme croit nécessaire d'élever

ses enfants de cette manière , il croit ridicule d'agir autrement.

32. Je suis supérieur et plus heureux
que ceux qui me condamnent aujourd'hui
à mourir.

33. Tu m'as dit que tu avais deux sœurs,
mais je ne les ai pas encore vues ni ren-
contrées.

34. Vous êtes la seule femme qui sachez
prendre autant d'empire sur vous même ,
et sur ceux qui vous entourent.

35. N'allez pas croire savoir faire jouer
tous les ressorts de l'éloquence ; car il
s'en faut de beaucoup que vous le saviez.

36. Cet homme regarde votre malheur
comme une punition du peu de complaisance que vous avez eue pour lui dans le
temps qu'il vous pria de le secourir.

37. Elle devint pâle, comme si elle était
prête à expirer; une sueur froide s'empara
de tous ses membres : les moyens de la
sauver furent délibérés.

38. Possidonius s'entretenant avec Pompée , lui disait qu'il n'y avait de bien que
ce qui était honnête , et qu'on ne pouvait
pas appeler mal , ce qui n'était pas
honteux.

39. Cet homme croyait que les lois
étaient faites pour secourir les citoyens,
que la religion éloignait du vice.

40. Ce prince avait monté bien jeune
sur le trône de ses aïeux ; il a descendu

dans la tombe avant qu'il n'ait eu le temps
de mettre en exécution les projets qu'il
conçut pour rendre son peuple heureux
autant que possible.

CHAPITRE III.

DE LA PROPOSITION ,

DE L'ADVERBE ET DE LA CONJONCTION.

1. Nous allons aller promener à l'entour du bois , dessus cette plate-forme
qui est dehors de la ville , et où nous
sommes attendus ; nous reviendrons
devant la nuit.

2. Un centurion lui passa son épée à
travers du corps , et le tua sur le champ.

3. L'on a placé dessous ce portraits gé-
néralement admirés , celui d'un homme
qui était audessous de la cheminée.

4. Hors de cet article , l'amour excessif
de la liberté nous empêche souvent de
voir les précipices dans qui nous sommes
prêts à tomber.

5. Cet homme qui demeurait auprès
de ce château , est venu demeurer auprès
le l'église.

6. L'on avait parlé d'un voyage de la
cour, long - temps auparavant qu'il fût

projeté ; on croit aujourd'hui qu'il ne pourra pas se faire auparavant l'arrivée de l'ambassadeur turc.

7. Les livres où il y a d'avantage de brillant que de solide, sont plus à la mode.

8. Ce militaire a été ingrat vis-à-vis de nous, fière vis-à-vis de ses supérieurs.

9. Parmi les animaux, il y en a qui vivent dessous la terre, d'autres dedans l'air et dedans l'eau, et d'autres dessus la terre.

10. Malgré que nous soyons loin de cette époque affreuse, nous n'avons pas encore oublié les torts qu'on a eus vis-à-vis de nous ; vous vous le rappelez vous mêmes auparavant tous ; car il ne s'en fallut de guères que vous n'en fussiez victime.

11. Vos connaissances ne sont pas encore assez étendues pour pouvoir lire Démosthène et Cicéron ; vous savez sans doute que celui-là été Romain, et celui-ci Grec.

Voici les meilleurs modèles d'éloquence ; mon frère les a lus sans que je lui dis.

12. Je ne peux vous dire si cet ouvrage est bon, malgré que je connaisse son auteur ; je n'oserais assurer s'il mérite qu'on le vante partout tant qu'il l'est.

13. Il ne veut pas rien faire sans que je ne l'aide, quoiqu'ayant fait de grandes actions quoique accoutumé à la dure, quoiqu'ayant distribué mon bien aux pauvres, quoique faisant des miracles,

je vous assure que , quoique je fasse tout cela , je ne suis ni saint ni vertueux , si je n'ai la charité.

14. Malgré que je fasse , malgré que je sois diligent , mon frère n'est pas content; du reste je ne puis en faire d'avantage que j'en fais.

15. Cette femme n'est pas si méchante qu'on la croit.

16. Messieurs , vous n'avez pas tant de jugement que d'esprit , cependant vous pensez aussi noblement que les autres.

17. Nous avons davantage de ressources à la ville qu'à la campagne ; il n'y a rien qui faille éviter d'avantage que les équivoques.

18. Si je ne puis trouver mieux , ce sera mon pire aller.

19. Les hommes seraient peut-être pis, s'ils venaient à manquer de censeurs.

20. Le goût est plus-tôt un don de la nature , qu'une acquisition de l'art.

21. Il n'est rien que l'homme donne si libéralement que les conseils.

22. Heureuse l'âme qui , remontant à son origine , passe à travers des choses créées sans s'y arrêter.

23. La patrie a des droits sur vos talents, vos vertus et toutes vos actions.

24. Sans expérience ni réflexion , on reste dans une enfance perpétuelle.

25. Les sciences et les arts ont éclairé et

consolé la terre durant que la guerre la désolait.

26. Entre tous les ennemis des Romains, il n'en fut point de plus terrible et de plus implacable qu'Annibal.

27. L'ame de Mazarin , qui n'avait point la barbarie de Cromwel , n'en avait pas aussi la grandeur.

28. Une jeune personne qui ne décesse de parler et de rire , prouve qu'elle a été mal élevée

29. La coutume de cette ville était établie depuis long-temps avant la nôtre. Il ne faut pas demander un paiement devant le temps.

3o. Il faut mettre ordre à ses propres affaires devant que de vouloir arranger ceux des autres.

31. Les libertins ont beau faire les esprits forts , ils tremblent quand ils sont prêt à mourir. Un soldat doit toujours être près d'obéir.

32. Cet animal n'est point aussi farou-che qu'on ne puisse l'apprivoiser.

33. Il y a tant de différence entre le savant et l'ignorant , qu'il y en a entre celui qui se porte bien et celui qui se porte mal.

34. Le vrai brave conserve au milieu du péril, tant de présence d'esprit, comme s'il n'y était pas.

35. *Ses fils à l'entour de sa table*
   Font une couronne agréable.
36. .... *Un auteur novice à répandre l'encens ,*
   Souvent à son héros , dans un bizarre ouvrage,
   Donne de l'encensoir à travers du visage.

FIN.

Pendant que le Corps de Jésus étoit dans
le tombeau, son Ame et son Corps, quoique
séparés, furent toujours unis l'un et l'autre
en la personne du Fils de Dieu. Son Ame des-
cendit alors dans les plus basses parties de
la terre, dans un lieu qu'on nomme les Lim-
bes, pour en retirer les ames des Saints, qui
étoient morts dans la grace, et dans l'amour
de Dieu, avant la mort de Jésus-Christ Au
même moment que Jésus entra dans ce lieu,
tous ceux qui y étoient, furent éclairés de
la lumière de gloire, et virent Dieu comme
ils eussent été dans le Ciel, où ils montèrent
avec J. C. le jour de son Ascension glorieuse.

SECTION X.

De la Résurrection et de l'Ascension de
J. C., et de la Descente du S. Esprit.

Comme il n'auroit pas été bienséant
que le Corps de Jésus-Christ fût sujet
la corruption, et qu'il étoit à propos qu'il
nous donnât en sa propre personne une assurance de la résurrection glorieuse de nos
corps; ç'a été pour ce sujet, que le Père et
le Saint-Esprit l'ont ressuscité, et qu'il s'est
ressuscité lui-même le troisième jour après
sa mort, le Dimanche de grand matin. Il a
en un moment recouvré la vie, mais une
vie immortelle, et exempte de toutes les mi-
sères de la vie présente : son ame a été alors
unie à son Corps, elle n'a pas cependant
par cette réunion acquis une nouvelle gloire,
ayant toujours été parfaitement heureuse,